ICH LIEBTE EIN MÄDCHEN

Ich liebte ein Mädchen

Ein Briefwechsel

Walter Trobisch

Quiet Waters Publications
Bolivar, Missouri
2011

Die Originalausgabe dieses Buches erschien 1962 auf Französisch unter dem Titel „J'ai aimé une fille". Alle Rechte vorbehalten.

Copyright © 2011 Quiet Waters Publications.

All rights reserved. No part of this book may be used or reproduced in any manner whatsoever without written permission except in the case of brief quotations embodied in critical articles and reviews.

>   Quiet Waters Publications,
>   Bolivar MO 656130034
>   Email: QWP@usa.net.
>   http://www.quietwaterspub.com

ISBN 9781931475549
Library of Congress Control Number: 2011943744

VORWORT

Dieses Buch ist sozusagen durch einen Zufall entstanden. Als ich 1957 bis 1963 an einer höheren Schule im heute unabhängigen Kamerun (Westafrika) unterrichtete, wurden mir von meinen afrikanischen Schülern immer wieder die gleichen Fragen gestellt. Meine Frau meinte daher, es sei gut, etwas Schriftliches zur Verfügung zu haben, was als Gesprächsgrundlage dienen könne.

Nun kamen in meiner Korrespondenz mit François die meisten Fragen vor, die immer wieder gestellt wurden, und ich hatte darin meine Antworten schon einmal mühsam französisch formuliert. Deshalb legte ich diesen Briefwechsel zugrunde. So entstand der erste Teil dieses Büchleins.

Ursprünglich wollte ich es in vervielfältigter Form nur an solche weitergeben, mit denen ich nach der Lektüre noch sprechen konnte. Lediglich durch den Zufall, dass mir ein Freund Papier schenkte und meinte, dann koste mich der Druck auch nicht mehr als die Vervielfältigung, wurde ein Buch daraus. Die französische Originalausgabe erschien daher als Privatdruck. Mir kam gar nicht der Gedanke, es einem Verlag anzubieten, denn ich hielt es nicht für etwas Besonderes. Aber es war im Handumdrehen vergriffen, und so viele fragten nach dem vollständigen Briefwechsel, dass auch der zweite Teil gedruckt erschien.

Aus dieser Entstehungsgeschichte erklären sich manche etwas unbekümmert katechismusartige Formulierungen, vor allem am Anfang. Man missverstehe also das Büchlein nicht so, als solle damit das Schulbeispiel eines Beratungsgespräches vorgelegt werden. Keiner von uns hat beim Schreiben an eine Veröffentlichung gedacht. So erklärt sich auch, dass nicht jeder Satz auf Allgemeingültigkeit abgesichert werden konnte, denn das hätte der Korrespondenz den spontanen Charakter genommen. Einige allzu situationsbedingte Ausdrücke und Sätze in meinen eigenen Briefen sind jedoch für den Druck geändert oder weggelassen worden.

Wir haben seinerzeit den Schritt zur Veröffentlichung nur sehr zögernd getan, nicht ahnend, dass dieser intime Briefwechsel in so viele Sprachen übersetzt werden würde. François und Cécile meinten, was ihnen geholfen habe, könne auch anderen helfen.

Mit diesem Wunsch lasse ich das Büchlein wieder hinausgehen, einfach als einen Bericht einer wirklichen Begebenheit mit ihren Licht und Schattenseiten, in deren Verlauf wir alle Fehler gemacht haben.

Den deutschen Leserinnen und Lesern wird der Gleichklang der Probleme überraschen. Tatsächlich werden durch die fortschreitende Industrialisierung in Afrika die Probleme immer ähnlicher. Daher kommen auch in Afrika Antworten an, die ursprünglich für Europäer gefunden wurden.

Walter Trobisch

M..., den 8. Januar

François an Walter T.

Eigentlich sollte ich persönlich zu Ihnen kommen. Aber stattdessen kommt dieser Brief. Ich schäme mich zu sehr, als dass ich Sie besuchen könnte. Auch habe ich kein Geld für die Reise, da ich nicht mehr Lehrer bin. Man hat mich hinausgeworfen.

Ich liebte ein Mädchen, d. h. ich habe das getan, was bei Euch Weißen und in der Kirche „Ehebruch" heißt. Aber dieses Mädchen war weder verheiratet noch an irgendjemanden vergeben. Da keiner einen Brautpreis für sie bezahlt hatte, gehörte sie also niemandem, und ich verstehe nicht, wem ich Unrecht getan habe. Auch ich bin ja nicht verheiratet, und ich hatte keinen Augenblick die Absicht, dieses Mädchen, dessen Namen ich nicht einmal weiß, zu meiner Frau zu machen. Meiner Meinung nach trifft also das Gebot „Du sollst nicht ehebrechen" auf meinen Fall nicht zu. Deshalb ist es mir auch ganz unbegreiflich, warum die Kirche mich vom Abendmahl ausschließt und sechs Monate Kirchenzucht über mich verhängt.

Einer meiner Schüler hat mich denunziert. Innerlich bin ich so ziemlich fertig.

Herr Pfarrer, Sie haben mich getauft und in der Schule unterrichtet. Sie haben mir manchen Rat gegeben und wissen, wie ich Christ wurde. Sie kennen mich besser als mein eigener Vater. Es tut mir unendlich leid, Ihnen solchen Kummer zu machen, aber ich sage es Ihnen ganz offen: ich fühle mich nicht besonders schuldig. Ich schäme mich zwar wegen des Geredes der anderen, aber ich halte mich noch für einen Christen.

Ihnen wage ich zu sagen, was ich denke, auch wenn Sie sich ärgern. Ist mein Trieb nicht dazu da, dass er befriedigt wird? Sind meine Geschlechtsorgane mir nicht gegeben, damit ich sie benutze? Soll das, was vorhanden ist, nicht auch Verwendung finden? Warum ist es Sünde, von dem Gebrauch zu machen, was Gott geschaffen hat?

Mein brieflicher Besuch bei Ihnen ist hiermit zu Ende. Ich gehe. Da ich von allen abgeschrieben bin, erhoffe ich keine Antwort. Mehr habe ich Ihnen nicht zu sagen.

B..., den 17. Januar

Walter T. an François

Im habe Deinen Brief erhalten und danke Dir, dass Du mir selber geschrieben hast, bevor ich den Vorfall aus einer anderen Quelle erfuhr. Natürlich bin ich traurig. Es ist mir auch peinlich, denn ich war es ja, der Dich für den Lehrerberuf empfohlen hat. Die Offenheit Deiner Fragen jedoch verärgert mich nicht. Im Gegenteil, sie bewegt mich tief und gibt mir Hoffnung, Dir ein klein wenig helfen zu können. Erlaube mir nun, beim Antworten ebenso offen zu sein wie Du.

Lassen wir zunächst einmal die Frage auf sich beruhen, ob Dein Fall den Namen „Ehebruch" verdient. Du hast völlig recht: der Geschlechtstrieb an sich ist nichts Sündiges. Der Reiz, den Du empfindest beim Anblick eines hübschen Mädchens, das Herzklopfen, das Du verspürst, das sind keine

Verstöße gegen Gottes Gebote. Du kannst diesen Gedanken und Gefühlen ebenso wenig entgehen, wie Du verhindern kannst, dass Vögel um Deinen Kopf herumfliegen. Aber Du kannst die Vögel wohl daran hindern, in Deinen Haaren Nester zu bauen.

Zweifellos ist die geschlechtliche Kraft des Menschen von Gott geschaffen. Sie ist eine Gabe Gottes, ja wohl eine der wertvollsten Gaben, die Du für Dein junges Leben bekommen hast. Aber das Bestehen eines Triebes rechtfertigt noch nicht seine bedenkenlose Erfüllung. Das Vorhandensein einer Kraft besagt noch nicht, dass man sie blindlings und zügellos walten lassen darf. Was würdest Du über einen Jungen sagen, der in einer Großstadt vor dem Schaufenster einer Fleischerei steht und folgende Überlegung anstellt: Ich sehe diese Schinken und Würste an und habe mehr Hunger als zuvor. Sie wecken meinen Appetit. Das beweist mir, dass sie für mich bestimmt sind und dass ich sie haben darf. Also habe ich das Recht, einen Stein zu nehmen und die Scheibe einzuschlagen"?

Du sagtest: „Was vorhanden ist, muss auch Verwendung finden." Schön, aber alles zu seiner Zeit und an seinem Ort. Stelle Dir vor, einer Deiner Kameraden sei Polizist geworden und besitze zum ersten Mal in seinem Leben einen Revolver. Jetzt entwickelt er folgende Philosophie: „Ich habe mir diesen Revolver nicht selbst gegeben. Er ist mir gegeben worden. Weil er mir gegeben wurde, muss er nun auch benutzt werden. Also muss ich damit schießen, ganz gleich auf wen."

Nein, dieses Recht hat er nicht! Wenn der Revolver ihm gegeben wurde, so ist er auch für seine Verwendung verantwortlich.

Genauso ist es mit Deiner geschlechtlichen Kraft. Sie soll und darf walten, aber an ihrem Ort und zu ihrer Zeit, unter ganz bestimmten Bedingungen. Gerade dadurch unterscheidet sich nach Gottes Willen der Mensch vom Tier. Innerhalb des Gotteswillens dient diese Kraft der Vereinigung zweier Menschen und wird zum Lebensspender. Losgelöst von Gottes Willen bewirkt sie Trennung und Zerfall, ja kann zu einer Quelle der Grausamkeit, der Perversion und des Todes werden.

Ich könnte es auch so sagen: nach Gottes Willen erfüllt die körperliche Vereinigung zweier Menschen nur dann ihren Sinn, wenn sie ein Ausdruck der Liebe ist.

Ein Satz in Deinem Brief hat mir besonders zu denken gegeben. Du schreibst: „Ich liebte ein Mädchen." Nein, mein Lieber. Du hast dieses Mädchen nicht geliebt; Du bist mit ihr ins Bett gegangen, das sind zwei ganz verschiedene Dinge. Du hast ein sexuelles Erlebnis gehabt, aber was Liebe ist, hast Du nicht erfahren.

Du kannst zwar zu einem Mädchen sagen: „Ich liebe dich", aber was Du in Wirklichkeit meinst, ist etwa folgendes: „Ich will etwas haben. Nicht dich, sondern etwas von dir. Ich habe nicht viel Zeit zu warten. Ich will es ohne Aufschub haben. Mir ist im Grunde gleich, wie das weitergeht. Ob wir zusammenbleiben oder ob du schwanger wirst, das interessiert mich nicht. Was mich interessiert, das ist der Augenblick. Ich benutze dich, um meine Wünsche zu befriedigen. Du bist für mich nur ein Mittel, um mein Ziel zu erreichen. Ich will haben. Ohne Umstände haben. Sofort haben."

Das ist das Gegenteil von Liebe. Liebe will geben. Liebe sucht das Glück des anderen, nicht das eigene. Du hast gehandelt wie ein krasser Egoist. Anstatt zu sagen: „Ich liebte ein Mädchen" hättest Du sagen müssen: „Ich liebte mich und nur mich. Hierzu habe ich ein Mädchen missbraucht."

Lass Dir sagen, was „Ich liebe dich" wirklich heißt: "Du, du, du. Du allein sollst es sein. Du hast den einzigen Platz in meinem Herzen. Du bist der Mensch, nach dem ich mich gesehnt habe, ohne den ich unvollkommen bin. Für dich will ich alles geben, hingeben, auch mich selbst. Für dich will ich immer da sein. Für dich will ich leben und schaffen. Auf dich will ich warten, gleich wie lange. Mit dir will ich immer Geduld haben. Dich will ich niemals zwingen, auch nicht mit Worten. Dir gegenüber will ich immer offen, aufrichtig, durchsichtig sein. Dich will ich behüten, beschützen, bewahren. Mit dir will ich alles teilen und erleben. Auf dich will ich immer hören. Ohne dich will ich nichts unternehmen. Bei dir will ich bleiben allzeit."

Merkst Du jetzt, wie weit Dein Erlebnis von einem Liebeserlebnis entfernt war? Du kennst nicht einmal den Namen jenes Mädchens! Sie war für Dich kein Mensch, sondern nur eine Nummer. Dich interessierte weder ihre Vergangenheit noch ihre Zukunft. Es war Dir gleich, was sich in ihrem Herzen abspielte, als Du sie nahmst. Und wenn sie nun ein Kind empfangen hat, das ist ihre Sache! Was geht es Dich an?

Nein, Du hast sie nicht geliebt! Liebe übernimmt Verantwortung für den anderen. Wo geliebt wird, heißt es nicht mehr „ich", sondern „du": „Ich bin für dich verantwortlich. Du bist für mich verantwortlich." Miteinander stehen die Liebenden vor Gott und sagen nicht nur „ich und du", sondern „wir".

In der Ehe wird dieses Wir in der körperlichen Vereinigung besiegelt. Allein in der Ehe kann die Liebe zwischen Mann und Frau ganz zur Entfaltung kommen, denn sie braucht Beständigkeit und Treue. Eheliche Liebe kann und will ja nie aufhören. Deshalb solltest Du äußerst sparsam umgehen mit dem großen Wort: „Ich liebe Dich".

In der Ehe, und nur hier, ist nun auch der Ort für den vollen Gebrauch Deiner geschlechtlichen Kraft. Sie will Dir helfen, Deine Frau zu lieben. Sie will ein Ausdruck sein, durch den Du ihr sagen kannst, wie sehr Du sie lieb hast.

Vor der Ehe kannst Du diesen Ausdruck nicht gebrauchen. Wenn Du Deiner geschlechtlichen Kraft losgelöst von der Liebe die Zügel schießen lässt, dann bereitest Du Dich auf eine unglückliche Ehe vor.

Ich schließe hier. Ich glaube, dieser Brief wird Dir genug Stoff zum Nachdenken geben. Aber zähle stets auf meine Freundschaft und Fürbitte, trotz allem.

M..., den 25. Januar

François an Walter T.

Ihr Brief ist bei mir angekommen. Haben Sie Dank, dass Sie mich nicht aufgeben. Sie kritisieren mich zwar hart, aber Sie helfen mir doch auch. Ich bin wirklich froh, in Ihnen jemand zu haben, dem ich offen schreiben kann, obwohl ich nicht alles verstanden habe, was Sie mir sagten. Am meisten überraschte mich Ihr letzter Satz.

Wenn ich irgendeinen triftigen Grund für mein Handeln hatte, war es gerade der, dass ich mich auf eine glückliche Ehe vorbereiten wollte. Aber jetzt sagen Sie mir das Gegenteil. Wie kann man aber Wissen erlangen, ohne zu lernen?

Wie kann man lernen, ohne zu experimentieren? Haben wir nicht dasselbe im Chemie- und Physikunterricht getan?

In meiner Muttersprache gibt es ein Sprichwort: „Man muss die Lanze schärfen, bevor man auf die Jagd geht."

Was nützt es zu heiraten, wenn man impotent geworden ist, weil man nicht genug trainiert hat? Muss man nicht sogar einen Schwund der Organe befürchten, die nicht geübt und ständig in Funktion gehalten werden?

Verstehen Sie, was ich sagen will? Hoffentlich finden Sie wieder die Zeit, mir noch einmal zu antworten.

B..., den 3. Februar

Walter T. an François

Ich danke Dir wieder für Deinen so ehrlichen Brief, aus dem Dein Vertrauen spricht.

Es gibt in der Bibel einen merkwürdigen Vergleich zwischen Liebe und Tod. Im Hohenlied 8,6 heißt es: „Liebe ist stark wie der Tod." Beide haben gemeinsam, dass man sie nicht ausprobieren kann. Darin liegt ihre „Stärke", ihr Ernst. Oder meinst Du, Du könntest den Tod dadurch ausprobieren, dass Du versuchst, einmal recht tief zu schlafen? Genauso wenig kannst Du die Liebe ausprobieren durch ein sexuelles Erlebnis. Die Bedingungen, unter denen Liebe erfahren werden kann, sind anders, sind höher.

Du kannst auch keinen Fallschirm ausprobieren, indem du von einem Hausdach, einer Brücke oder einem hohen Baum herabspringst. Er öffnet sich nicht in so kurzer Zeit und von so geringer Höhe, und Dein Sprung wird tödlich ausgehen. Du musst schon von einem Flugzeug abspringen, damit er sich öffnet und Dich trägt.

So ist es auch mit der Liebe. Du musst schon den Höhenflug der Ehe wagen, ehe sie sich voll entfalten kann.

Der Versuch, die Geschlechtsorgane außerhalb der Ehe und ohne die Tragkraft der Liebe auszuprobieren, kommt einem tödlichen Kurzabsprung gleich.

Wenn man verheiratet ist, geschieht die körperliche Vereinigung unter ganz anderen Bedingungen. Man braucht keine Angst zu haben, entdeckt oder von anderen verraten oder verlassen zu werden, keine Sorge, dass eine Schwangerschaft entsteht. Vor allem aber hat man die nötige Zeit, um sich einander zu öffnen, sich aufeinander einzuspielen und liebevoll verstehend die kleinen Schwierigkeiten und Ungeschicklichkeiten zu korrigieren, die anfangs immer auftreten. Die eheliche Liebe, die alle Lebensbereiche umfasst, entfaltet sich und schließt die geschlechtliche Liebe mit ein.

Es ist gut, dass Du Dich auf die Ehe vorbereiten und Dich einüben willst. Aber gerade dabei kommt es nicht in erster Linie auf das körperlichsinnliche Funktionieren der Geschlechtsorgane an. Viel wichtiger als die Verbindung der Organe ist die Begegnung der Herzen.

Sexuelle Schwierigkeiten in einer Ehe haben selten ausschließlich körperliche Gründe. Diese hätten sich meistens schon vor der Eheschließung durch eine ärztliche Untersuchung feststellen lassen. Die Ursache einer Ehekrise ist viel häufiger eine mangelnde seelische Anpassung, das Fehlen der inneren Harmonie.

Hast Du schon einmal zugehört, wenn ein Orchester die Instrumente stimmt vor dem Spiel? Da wird mit den leisen Instrumenten, den Geigen und Flöten begonnen. Sie würden übertönt, finge man mit den Pauken und Trompeten an. So müssen auch im Orchester der Ehe zuerst die zarten Geigen und Flöten des seelischen Miteinanderseins eingestimmt werden, ehe die Pauken und Trompeten der Sexualität damit in Einklang gebracht werden können.

Um dieses zarte Einstimmen der Herzenstöne geht es nun vor allem, wenn Du Dich auf die Ehe vorbereiten willst. Darin darfst Du Dich üben. Aber das tust Du nun gerade nicht, wenn Du mit jedem beliebigen Mädchen schläfst. Im Gegenteil, dadurch wird Dein Herz nur ärmer. Die Pauken übertönen die Flöten, und Du stumpfst ab. Nicht den Schwund der Geschlechtsorgane musst Du fürchten, sondern den Schwund der Liebeskraft Deines Herzens.

Wenn Du versuchst, den Akt der körperlichen Vereinigung ohne diese Herzensliebe auszuführen, ahmst Du höchstens äußerlich einige seiner Phasen nach, aber Du würdigst ihn herab zu einem maschinellen Handeln, zu einem tierischen, instinktiven Automatismus. Dabei verpasst Du gerade das Entscheidende, die Öffnung des Ichs für das Du, und blockierst Dich selber, Deine künftige Frau einmal so umfassend und tief lieben zu können, wie sie es von Dir erwarten wird.

In uns allen schläft ein Hang zur Polygamie. Durch Gewöhnung ans Abwechseln könntest Du schon im Voraus Deine spätere Ehe in Gefahr bringen. Überhaupt kannst Du Dir durch sexuelle Abenteuer vor der Ehe leicht Fehler angewöhnen, die Du später nur sehr schwer wieder loswirst.

Wenn ich in einer Ehekrise zu Rate gezogen werde, kann ich von den Problemen oft auf das Leben schließen, das die Gatten vor ihrer Heirat führten. Wer vor der Ehe gelernt hat, verantwortlich mit seiner geschlechtlichen Kraft umzugehen, dem wird es in der Ehe auch leichter fallen. Du siehst daraus, dass Dein Fall schon irgendwie etwas mit der Ehe zu tun hat. In gewissem Sinne beraubst Du Deine künftige Frau um etwas, auch wenn Du sie jetzt noch nicht kennst, und gefährdest Euer gemeinsames Glück.

Mein lieber François, ich hoffe, dass Du wenigstens eins verstehst: ich will Dir keine Freude verderben, sondern ich möchte Dich gern davor bewahren, dass Du Dir eine der größten Freuden Deines Lebens selber verdirbst. Wer Apfelblüten pflückt, wird niemals Äpfel ernten. Indem ich Dir nun rate, nicht die Blüten zu pflücken, will ich Dir nichts nehmen, sondern etwas geben. Auf Dein afrikanisches Sprichwort aber antworte ich mit einem anderen: „Wer sich zu sehr bereichern will, macht sich oft ärmer."

M..., den 10. Februar

François an Walter T.

Als ich Ihren letzten Brief las, kam mir eine Bibelstelle in den Sinn, die ich seit langem kenne, die aber infolge unseres Briefwechsels einen neuen Sinn bekommen hat: „Furcht ist nicht in der Liebe, sondern die völlige Liebe treibt die Furcht aus; denn die Furcht hat Pein. Wer sich aber fürchtet, der ist nicht völlig in der Liebe" (1. Johannes 4,1.8).

Ja, das ist wahr. Ich hatte Angst, und, um es offen zu gestehen, ich habe in jener Nacht wenig Freude empfunden. Aber, wissen Sie: es war auch die Furcht, die mich trieb, die Furcht, krank zu werden, wenn sich zu viel Samen in meinem Leib ansammelt. Auch habe ich manchmal nachts durch

Träume verursachte Pollutionen. Mein Bettzeug wird beschmutzt, was ich widerlich finde. Meine Kameraden versicherten mir, das einzige Mittel, diesem Übel zu entgehen, sei, den Verkehr mit einem Mädchen zu suchen. Wie denken Sie darüber?

Sie sprechen von einem Hang zur Polygamie. Kann man nicht mehrere Frauen auf einmal lieben? Es gibt keine einzige Bibelstelle, die die Polygamie verbietet.

In diesem Brief habe ich Ihnen meine geheimsten Gedanken enthüllt. Hoffentlich sind Sie nicht zu schockiert. Aber ich habe niemanden, mit dem ich diese Probleme erörtern könnte. Selbst mit meinen Eltern habe ich dies nie angeschnitten. Allerdings habe ich wenig Vertrauen zu einer ärztlichen Untersuchung, die Sie erwähnen. Unsere Ärzte sagen nicht die Wahrheit, weil sie die Auseinandersetzungen mit den Familien fürchten.

B..., den 20. Februar

Walter T. an François

Lass mich mit Deiner letzten Frage anfangen: nein, ich glaube nicht, dass man mehrere Frauen auf einmal lieben kann. Alles hängt eben davon ab, was Du unter dem Begriff „lieben" verstehst. Wenn „lieben" heißt, mit jemandem schlafen, wenn Liebe und Sexualität dasselbe sind, dann ohne Zweifel. Aber die „völlige" Liebe, von der die Bibel in dem von Dir zitierten Vers spricht, beschränkt sich nicht nur auf den Körper, sondern sucht das Herz. Sicher kennst Du das Sprichwort: „in einem Herzen, in dem für viele Platz ist, ist nicht genug Platz für einen allein." Das stimmt. Die totale

Verantwortung für den anderen, von der ich Dir sagte, kannst Du nur übernehmen für eine einzige Frau.

Du sagst, die Polygamie sei in der Bibel nicht verboten. Ich kann diese Frage hier nicht bis in die Einzelheiten behandeln. Nur so viel will ich hier dazu sagen, dass die Vielehe selbst im Alten Testament nicht die Regel, sondern die Ausnahme ist. Wo sie vorkommt, wird sie fast immer durch Kinderlosigkeit motiviert. Dabei ist die Bibel sehr realistisch und spricht auch klar von den Schwierigkeiten, die eine Vielehe mit sich bringt. Besonders im 1. Buch Mose ist in diesem Zusammenhang viel von Neid und Streit, von Bevorzugung, Ungerechtigkeit, ja Hass die Rede. In den semitischen Sprachen ist das Wort für die zweite Frau gleichbedeutend mit „Rivalin" oder „Gegnerin" und die Ashanti in Ghana nennen sie die „Eifersüchtige".

Anstatt zu verbieten macht die Bibel eine positive Aussage über die Ehe, aus der wir unsere Schlüsse ziehen können. Sie sagt: „Ein Mann wird seinem Weibe gehören (Einzahl) und die zwei werden ein Fleisch sein." Das Wort „Fleisch" kann auch durch „lebendes Wesen" übersetzt werden oder noch besser durch „Person". In der Ehe sind Mann und Frau nicht mehr zwei, sondern eins.

Wenn Du mit mehreren Frauen verheiratet bist, dann kannst Du mit ihnen nicht zu einer Person zusammenwachsen, und an Deiner Ehe kann niemand etwas ablesen vom Bild des Schöpfers. Das aber hatte Gott im Sinn, als er den Menschen schuf: „Gott schuf den Menschen ihm zum Bilde … und schuf sie einen Mann und ein Weib" (1. Mose 1,27). In der Vielehe entsteht keine Eheperson, die zum Partner Gottes werden kann und bei der die gegenseitige Liebe von Mann und Frau die völlige Liebe Gottes in Christus widerspiegeln darf (Eph. 5,25). Nur der Einehe ist es gegeben, die Liebe Gottes zu bezeugen.

Deine Furcht, dass sich Samen ansammelt und Du dadurch krank wirst, ist völlig unbegründet. Nächtliche Samenergüsse sind kein Krankheitssymptom, sondern ein Zeichen, dass Dein Körper normal arbeitet. Gott hat das so eingerichtet, um die Gesundheit zu erhalten.

Der Körper gibt ab, was nicht benötigt wird. Das ist alles. Da ist nichts Geheimnisvolles dahinter, nichts Magisches, die Zweitseele geht nicht spazieren und hat keine Erlebnisse, wie viele Afrikaner die Träume deuten. Wenn Du mit beliebigen Mädchen schläfst, läufst Du weitaus mehr Gefahr, Dir eine Geschlechtskrankheit zuzuziehen.

Für mich ist das Argument, das geschlechtliche Beziehungen als Gesundheitsschutz hinstellt, nichts anderes als eine faule Ausrede, deren sich die bedienen, die nicht lernen wollen, ihre Geschlechtlichkeit zu gestalten. Das Gegenteil kann viel eher wahr sein. Es gibt eine Sexualität, die in Wirklichkeit „Krankheit" ist, weil sie nicht auf das Du bezogen ist und in die Isolierung führt.

Du kannst Dich darauf verlassen, dass keiner der Gedanken, die Du mir enthüllst, noch irgendeine Frage, die Du mir stellst, mich je schockieren wird. Die Einsamkeit, in der viele junge Menschen mit ihren Problemen stecken, ist eine große Not, und man kann ihnen nur raten, sich einem reifen Menschen anzuvertrauen, der seelsorgerliche Erfahrung hat.

Ursprünglich wurden bei Euch in Afrika im Zusammenhang mit den Mannbarkeitsriten gewisse Ratschläge erteilt. In Deiner Generation sind diese Riten weitgehend gefallen, und es ist ein Vakuum entstanden. Nun müsst Ihr jungen Afrikaner einmal darüber nachdenken, wie es auszufüllen ist, damit Deine Kinder einst nicht so hilflos dastehen wie Du.

Ein Arzt, der lügt, hat kein Berufsgewissen. Bevor man sich untersuchen lässt, ist es gut, einen verantwortungsvollen und diskreten Arzt zu wählen.

Ich grüße Dich als Dein Bruder in Christus, der das vollkommenste Beispiel der vollkommenen Liebe Gottes ist und Dich trotz allem liebt.

M..., den 28. Februar

François an Walter T.

Ich schreibe Ihnen mit wachsender Freude, denn ich fühle mich nicht mehr verlassen und fasse neuen Mut.

In Ihrem letzten Brief sprachen Sie davon, dass man durch ein wildfremdes Mädchen eine Krankheit bekommen könne. Das ist seltsam, denn gerade um zu beweisen, dass ich nicht krank oder gar impotent bin, habe ich mich mit ihr eingelassen. Ich will Ihnen jetzt erzählen, wie es zugegangen ist, ohne etwas zu verheimlichen.

Einer meiner Kameraden hatte mich an jenem Pechtag eingeladen, seine Eltern zu besuchen. Es war gegen Abend. Schon unterwegs machte er sich über mich lustig und sagte, ich sei kein richtiger Mann, weil ich noch kein Mädchen gehabt hätte. Aber als wir bei ihm ankamen, waren seine Eltern nicht da; nur seine Schwester war im Hause. Wir fingen an, uns zu unterhalten, und sie bot uns Bier an. Plötzlich verschwand mein Freund, und ich war allein mit dem Mädchen.

Ich liebte ein Mädchen / 21

Sie forderte mich auf, und da ich mich weigerte, begann sie, mich lächerlich zu machen. Dabei gebrauchte sie harte Schimpfwörter unserer Sprache. Vor allem benannte sie mich mit einem Wort, das man mit „Waschlappen" übersetzen könnte und mit dem wir einen impotenten Mann bezeichnen.

Herr Pfarrer, Sie als Weißer können sich vielleicht nicht vorstellen, was das für einen Afrikaner heißt. Impotent genannt zu werden gehört zum Schlimmsten, was einem Mann begegnen kann. Hätte ich nicht das Gegenteil bewiesen, so hätte sie meinen Namen überall verlästert.

Um die Wahrheit zu sagen, ich habe dieses Mädchen nicht „geliebt" in dem Sinne, den Sie diesem Wort geben. In meinem Herzen habe ich sie eher gehasst. Aber ich konnte nicht anders handeln. Die Furcht vor Spott und Rufmord war größer als jede andere Furcht.

Sagen Sie mir: wie kann man ein Mann werden und als Mann gelten, ohne wie ein Mann zu handeln?

B..., den 6. März

Walter T. an François

Ich bin froh, dass Du mir endlich die ganze Geschichte erzählt hast, wie sie war. Dich trieb also im letzten Grunde nicht die Sorge um Deine Gesundheit oder der „edle" Wunsch, Dich auf die Ehe vorzubereiten, sondern die einfache Angst vor Spott und Hohn. Das erleichtert mir die Antwort auf Deine letzte Frage.

Du hast gerade nicht wie ein Mann gehandelt, sondern genau wie ein Waschlappen. Ein Mann weiß, was er will, fällt eine Entscheidung und führt sie aus. Aber sich gegen seinen eigenen Willen durch die Worte eines Mädchens, das diesen Namen eigentlich nicht verdient, lenken zu lassen, das ist feige und unmännlich. Für mich wäre das demütigender als der Spott einer ganzen Stadt.

Man muss auch ein wenig intelligent sein und solche Fallen voraussehen. Die Unterhaltung unterwegs hätte Dich vollends misstrauisch machen müssen. Schließlich hat der Alkohol Deine geistigen Widerstandskräfte vermindert, und auf diese Weise haben sie Dich in die Tasche gesteckt wie einen Lappen. In so einer Situation besteht der wahre Mut in der Flucht.

Ich erinnere mich, als wir Ausflüge mit unserer Jugendgruppe machten, kamen wir einmal nach einem langen, durstigen Marsch an eine Quelle mit klarem und frischem Wasser. Unser Leiter ließ uns eine halbe Stunde im Halbkreis um die Quelle herumstehen und verbot uns zu trinken. Er wollte uns helfen, Selbstbeherrschung zu lernen.

Wer nicht widerstehen kann und sich zwangsläufig jeden Wunsch sofort erfüllen muss, ist eine Wachsfigur ohne Rückgrat, aber kein Mann. Er ist höchstens ein Männchen, das jedoch gerade Mädchen, um die es sich lohnt, nicht ernst nimmt. Kehrt Dir ein Mädchen den Rücken, nur weil Du es nicht gleich ganz genommen hast, dann lass es doch laufen! Mädchen, die dieses Namens würdig sind, wollen tief im Herzen nur eins: einen wirklichen Mann.

Willst Du beweisen, dass Du kein Männchen bist, das heißt ein ausgewachsenes männliches Tier, dann lerne wie beim Autofahren zuerst Bremse und Steuer handhaben. Das Gaspedal ist dann leicht zu bedienen. Nicht Laufenlassen, sondern Beherrschen ist das Zeichen der Männlichkeit. Auch in der Ehe wirst Du das bewusste Verzichten Können noch brauchen, wenn eins von Euch seelisch belastet oder krank ist oder Ihr Euch zeitweise einmal trennen müsst.

Je mehr Du die sexuelle Zurückhaltung lernst, umso mehr wird Deine Fähigkeit wachsen, mit dem Herzen zu lieben und auf die Dinge zu reagieren, die die Seele eines Mädchens offenbaren: auf ein Lächeln, auf einen Blick, auf eine Handbewegung, auf eine Nuance im Klang ihrer Stimme. Das ist leise Musik, und Du brauchst Übung, sie zu hören. Du wirst sie umso deutlicher vernehmen, je mehr Du die Pauken dämpfst.

Wenn Du den Docht einer Sturmlaterne zu hoch aufdrehst, wird das Glas schwarz, und die Lampe gibt kein Licht. Du musst den Docht unter Kontrolle halten, darfst ihm nur eine bestimmte Höhe erlauben, sonst verfehlt die Lampe ihren Zweck.

Kunst kommt von Können, und Lieben ist auch eine Kunst. Wie jede andere Kunst lässt sie sich nicht ohne Zucht erlernen.

Nun sagst Du vielleicht, dann sei es aber doch sehr schwer, ein Mann zu werden. Da hast Du wohl Recht. Es ist wirklich schwer, die junge, in Dir aufbrechende Geschlechtskraft zu meistern. Es ist ein Kampf, vor allem auch der Versuchung zu widerstehen, den Trieb in der Einsamkeit selbst zu befriedigen. Wenn diese Versuchung über Dich kommt, denke daran, dass die Geschlechtskraft auf den anderen ausgerichtet sein will, dass sie das Du sucht, das Gegenüber, das Miteinander, die Gemeinschaft. Durch die Selbstbefriedigung jedoch zieht sich der Mensch in sich selbst zurück und erfährt gerade keine Befriedigung, sondern es bleibt ein Nachgeschmack von Niederlage, Scham und Leere.

Nimm eine solche Niederlage aber nun auch wieder nicht zu tragisch, und denke vor allem nicht, dass Du deshalb abnorm oder pervers seist. Der Kampf ist eigentlich nur solange schwer, wie Du meinst, Dein eigener Herr zu sein. Sobald Du Dir vor Augen hältst, dass Dein Körper Gott gehört und Dir Deine Geschlechtskraft genauso anvertraut ist wie Deine Gaben, Deine Zeit und Dein Geld, um anderen zu dienen, wird alles leichter.

Es hilft, diese Kraft bis zu dem Zeitpunkt, wo sie ihren eigentlichen Zweck erfüllen kann, auf eine schöpferische Tätigkeit auszurichten. Suche Dir Freunde, die Dich anregen und anspornen. Gib Dich einer Arbeit hin, die Dir Freude macht, einer Lieblingsbeschäftigung, die Dich ganz gefangen nimmt. Wie wär's mit der Erlernung eines Handwerks oder eines Musikinstrumentes oder mit einer Reise durch Dein Land und über seine Grenzen hinaus? Das kann Dein Begehren in ganz neue, fruchtbare Bahnen lenken.

Zu den Kampfregeln gehört auch eine geistige Hygiene. Sei äußerst wählerisch, ehe Du Dich entschließt, ein Buch zu lesen, ein Kino zu besuchen oder eine Illustrierte anzusehen. Reiße Dich entschlossen los von müßigen Träumereien, und fülle Deinen Tag aus, so dass nicht Zeitlücken entstehen, in denen Du nicht weißt, was Du mit Dir anfangen sollst. Vielen verhilft Sport zu einem tiefen und gesunden Schlaf ohne schwüle Halbschlafphantasien. Noch besser ist anstrengende geistig schöpferische Arbeit, also viel lernen und das Gelernte in eigener Gestaltung schriftlich wiedergeben.

Vor allem aber bleibe nicht allein in diesem Kampf. Wenn ich kann, will ich Dir gern ein guter Kamerad sein. Der beste Kampfgefährte jedoch ist Jesus Christus selber.

Darum noch ein letztes Wort zu Deiner Furcht vor Spott. Dein Herr hat sich um deinetwillen verspotten lassen. Um deinetwillen ließ er sich ins Gesicht spucken. Und Du fürchtest die Spötteleien eines verdorbenen Mädchens?

Jesus Christus ist der einzige, der aus Dir einen Mann machen kann.

M..., den 12. März

François an Walter T.

Sie haben mir sehr den Kopf gewaschen in ihrem letzten Brief. Ihr Angriff war gezielt. Er hat getroffen. Ich sehe ein, dass ich die Spötteleien jenes Mädchens überbewertet habe. Oder habe ich sie überbewerten wollen, fürchten wollen, um mein Verhalten zu rechtfertigen?

Andererseits behaupte ich trotzdem, dass es nötig ist, die Frau intim kennenzulernen, ehe man eine heiratet. Sie können doch nicht abstreiten, dass Ehen auch dadurch unglücklich werden können, dass die körperlichen Organe nicht zueinander passen. In meinem Stamm spricht man viel von den „Frauen mit Wasser", bei denen es unmöglich ist, den Geschlechtsakt auszuführen. Es kann doch keine Sünde sein, das vor der Ehe in Erfahrung zu bringen. Auch dem Mädchen wäre ja dadurch nur geholfen. Zudem haben wir ein Sprichwort: „Eine Frau mit Wasser gebiert nur selten." Weil Sie mir versprochen haben, mir ein guter Kamerad zu sein, fasse im den Mut, Ihnen diese Fragen so ohne Umschweife zu stellen.

Im erwarte ungeduldig Ihren nächsten Brief.

B..., den 18. März

Walter T. an François

Die Fragen Deines letzten Briefes sind sehr wichtig. Lass Dir nur einmal zwischendurch dafür danken, dass Du sie mir so klar und unverblümt stellst. Sie sind auch für mich eine Hilfe, zur Klarheit zu kommen.

Ja, ich weiß: Ihr denkt fast alle, das Eheglück hinge von der Kenntnis der Geschlechtsorgane der Frau ab. Bedenke aber zunächst einmal, dass es sich nicht um Knochen handelt, sondern um Weichteile, um geschmeidiges Gewebe, das sich im Laufe der Ehe auch angleicht. Über die Anatomie selbst aber kannst Du aus einem Lehrbuch mehr lernen als durch Ausprobieren. Bei einer körperlichen Abnormität kann nur eine ärztliche Untersuchung Gewissheit verschaffen und eventuell auch helfen.

Das gilt auch für den Mythos von der so gefürchteten Wasserfrau. Ich habe davon auch reden hören, weiß aber nicht recht, was ich davon halten soll. Es fällt mir auf, dass ich noch niemals einen Mann getroffen habe, der mir eingestand, es selbst erlebt zu haben. Alle haben es immer nur von anderen gehört. Auch hat mir noch kein Arzt mit Afrikaerfahrung, weder ein Europäer noch ein Afrikaner, je bestätigt, eine derartige Frau untersucht zu haben.

Auf jeden Fall ist es eine Dummheit, sich mit einem beliebigen Mädchen einzulassen, um die „Frau an sich" kennenzulernen. Denn „die Frau an sich" gibt es nicht. Jeder Mensch, also auch jede Frau, ist einzigartig und unwiederholbar, körperlich wie auch seelisch. Nach fünf Minuten im Busch – ein Verhalten, das mich, entschuldige den Vergleich, an das eines Katers erinnert – weißt Du absolut nichts von ihr, körperlich nicht und seelisch schon gleich gar nicht.

Das Wort „kennen" ist ein großes Wort. Die Bibel gebraucht es das erste Mal in 1. Mose 4,1: „Adam erkannte Eva, seine Frau." Man kann niemals „die" Frau oder „eine" Frau kennen, sondern nur seine Frau, d. h. man kann eine Frau nur in der Ehe kennenlernen, im Bereich der Treue, wo die Vereinigung Ausdruck der Liebe ist.

Muss man also ein Risiko eingehen? Bis zu einem gewissen Grade, ja. Die Ehe bleibt ein Wagnis. Sonst wäre es auch langweilig. Indessen ist dieses Wagnis vielleicht kleiner, als Du denkst, solange das Wunder der Liebe waltet. Die Tatsache, dass Du andeutest, dem Mädchen „helfen" zu wollen, dadurch, dass Du sie ausprobierst, zeigt mir, dass Du keine Ahnung davon hast, was in ihrem Herzen vor sich geht bei einem sexuellen Erlebnis. Sie kann Körper und Seele nicht so trennen wie Du. Sie wird viel tiefer bewegt. Eine körperliche Vereinigung berührt sie in ihrem tiefsten Sein. Der Eindruck des ersten Mannes, dem sie sich hingibt, ist vielfach entscheidend für ihre spätere Stellung zum Manne überhaupt. Sie kann diesen Eindruck, vor allem, wenn er negativ war, nur schwer aus ihrer Erinnerung löschen, auch wenn sie später einen anderen Mann heiratet, den sie wirklich liebt. Und selbst für den Mann bleibt die erste Frau, die er genommen hat, immer ein wenig die Seine.

Ein Mädchen weiß meistens nicht, was für sie auf dem Spiele steht. Deshalb musst Du es für sie wissen. Du kannst daraus auch ersehen, dass die Achtung vor ihrer Unberührtheit nicht einem altmodischen moralischen Vorurteil entspringt, sondern im Wesen des Mädchens selbst begründet liegt. Du hast daher eine große Verantwortung, wenn Du einem Mädchen begegnest. Wenn Du daran denkst, dass eine zu frühe Hingabe für sie gefährlich, ja verhängnisvoll sein kann, selbst wenn sie von sich aus dazu bereit ist oder Dich gar dazu auffordert, dann wird es Dir viel leichter fallen, Dein Verlangen zu zügeln. Nur durch diese Ritterlichkeit „hilfst" Du ihr wirklich. Deshalb brauchst Du gar nicht zu dem Gebot „Du sollst nicht ehebrechen" zu greifen. Das Liebesgebot Jesu „Du sollst deinen Nächsten lieben wie dich selbst", das er zusammen mit dem Gebot, Gott über alles zu lieben, als das größte aller Gebote bezeichnet hat, schiebt Dir Deine Verantwortung für Dein voreheliches Verhalten viel tiefer ins Gewissen, als es ein plattes Verbot vorehelicher Intimgemeinschaft tun würde, Wer das Liebesgebot missachtet, fügt seinem Nächsten Schaden zu.

M..., den 26. März

François an Walter T.

Was Sie mir in Ihrem letzten Brief schrieben, war für mich völlig neu. Niemals ist mir der Gedanke gekommen, dass ich einem Mädchen Schaden zufügen könnte, wenn ich sie nehme. Ich habe immer geglaubt, ihr eine Freude zu machen.

Ich habe mit einigen Freunden darüber gesprochen. Aber sie meinen eben, dass es dennoch vorteilhaft und erlaubt sei, mit Mädchen Erfahrungen zu machen, die daran gewöhnt sind, bei denen also sozusagen nichts mehr zu verderben ist. Um ihnen antworten zu können, wüsste ich gern, was Sie zu diesem Argument meinen.

Auf meine Frage nach der unfruchtbaren Frau haben Sie noch nicht geantwortet. Soll man sich nicht vor der Ehe Gewissheit verschaffen, dass eine Frau fruchtbar ist, um dann später nicht in Versuchung zu kommen, eine andere Frau zu nehmen, die einem Kinder schenkt? Denn eine Ehe ohne Kinder ist doch sinnlos.

B..., den 30. März

Walter T. an François

Entschuldige vielmals, dass ich in Deinem letzten Brief die halbversteckte Frage nach der kinderlosen Ehe übersehen habe. Ich antworte Dir deshalb postwendend. Aber vorher noch ein Wort zu dem Argument Deiner Freunde.

Wenn Du Dich in ein sexuelles Abenteuer mit einem Mädchen stürzt, das in sich nicht das Bild der Ehe trägt, so machst Du eine verkehrte Erfahrung. Denn Du hast als Partner keine Frau, sondern eine Dirne. Infolgedessen leitest Du Dein Sehnen und Fühlen auf Abwege und betrügst Dich letzten Endes selbst.

Alexander Dumas sagte: „Hast Du ein sexuelles Erlebnis mit einem Mädchen, das Deiner würdig ist, so ist es schade um sie; hast Du es mit einem Mädchen, das Deiner unwürdig ist, so ist es schade um Dich."

Wenn ich mich nicht irre, wurden in Deinem Stamm ursprünglich voreheliche Beziehungen sehr streng, mitunter sogar grausam bestraft. Daher frage ich mich manchmal, ob Deine Vorfahren nicht schon einige dieser Wahrheiten kannten. Was meinst Du dazu?

Auf jeden Fall ist Gottes Wille nie ohne Grund, selbst wenn dieser Grund unserem Verstand nicht in jeder Situation sofort einleuchtet. Im Rückblick auf eine längere Strecke des Lebens müssen wir oft erkennen, dass Gott besser gewusst hat als wir, wie wir glücklich werden. Gott hintergeht Dich nicht, wenn er Dir das Recht verwehrt, eine andere Frau vor Deiner eigenen zu „kennen".

Es ist wirklich komisch. Alle jungen Männer, die ich kenne, wollen unberührte Mädchen heiraten. Und doch wollen alle einmal einen Versuch machen. Wer von denen, die die Braut eines anderen vernaschen, kann aber wissen, ob der eigenen nicht gleiches widerfährt? Siehst Du nicht, wie sich das widerspricht?

Das führt nun zu Deiner Frage nach der Kinderlosigkeit. Sie hängt mit den vorehelichen Beziehungen eng zusammen. Ich habe mich oft gefragt, warum die Zahl der sterilen Ehepaare – es kann nämlich auch am Mann liegen – in Afrika immer mehr zunimmt. Nach übereinstimmender Aussage der Ärzte ist die wachsende Häufigkeit der vorehelichen Beziehungen dafür der Hauptgrund. Denn durch sie wird die Verbreitung der Geschlechtskrankheiten gefördert, die vielfach Unfruchtbarkeit hervorrufen. Viele Mädchen können nicht Mutter werden und viele junge Männer nicht Vater, gerade weil sie vor der Ehe experimentiert haben.

Lass mich in diesem Zusammenhang nur kurz eine Tatsache erwähnen, die in Afrika noch weithin unbekannt ist. Die Empfängnis eines Kindes kann im Allgemeinen nur an bestimmten Tagen zustande kommen. Die Wahl der für die Befruchtung günstigen Tage ist also von weittragender Bedeutung. Aber noch einmal: Jede Frau ist anders, und Du kannst diesen Tag für Deine Frau nur im Verlauf Deiner Ehe herausfinden. Ein voreheliches Experiment hilft Dir auch hier nicht.

Trotz alles menschlichen Wissens und aller ärztlichen Hilfe bleiben Kinder ein Geschenk, eine Gnade Gottes. Wem Gott diese Gnade nicht schenkt, der darf wissen, dass das Kind eben nicht der einzige Sinn der Ehe ist. Nach der Bibel trägt das liebende Einswerden von Mann und Frau zu einem einzigen Wesen schon eine volle Erfüllung in sich. Gott kann ein kinderloses Ehepaar reif und frei machen für Aufgaben, die es mit Kindern nicht hätte erfüllen können.

Doch darüber können wir reden, wenn Du einmal in dieser Lage sein solltest. Im Augenblick genügt es, wenn Du folgendes weißt: viele Mädchen in Afrika fürchten, ihr Mann ließe sich scheiden oder nehme sich eine zweite Frau, wenn sie keine Kinder bekommen. Die Angst vor der Unfruchtbarkeit aber kann schon genügen, um ein Mädchen unfruchtbar zu machen. Daher darfst Du keinen Zweifel im Herzen Deiner Braut lassen. Sie muss sicher sein, dass Du sie liebst, wie sie ist, ganz und gar, mit oder ohne Kind.

Vor dem Traualtar wirst Du Deiner Frau öffentlich folgendes Versprechen geben: „Ich verspreche Dir, Dich zu lieben, Dich zu beschützen, mit Dir aufrichtig zu leben, fest bei Dir zu bleiben in guten und bösen Tagen und Dir treu zu sein, bis der Tod uns scheidet."

Die wichtigste Entscheidung Deines Lebens ist die Entscheidung für Jesus Christus. Die zweitwichtigste ist die Wahl Deines Ehepartners. Möge Gott Dich leiten!

M..., den 4. April

François an Walter T.

Warum hat mir das alles bisher niemand gesagt? Weder meine Eltern noch unser Katechet, noch mein afrikanischer Pfarrer haben je mit mir über diese Fragen gesprochen. Und erst recht natürlich kein Missionar! Ich erinnere mich lediglich an eine Predigt über Ehebruch, die ich hörte, als ich zehn Jahre alt war, und die in mir eine Menge Fragen aufwarf. Aber als ich sie meinem Vater stellte, bekam ich Schläge.

Jetzt aber werde ich bestraft und unter Kirchenzucht gestellt, ohne dass sich jemand die Mühe macht, mir zu erklären, wodurch ich schuldig wurde. Wenn ich nun die sechs Monate abgebüßt habe, in denen ich vom Abendmahl ausgeschlossen bin, ist dann automatisch alles wieder in Ordnung? Kann ich dann sicher sein, dass mir Gott vergeben hat?

Und noch eine Frage. Ich sehe jetzt ein, dass ich durch verfrühte und anonyme Beziehungen keine Frau „kennenlernen" kann. Aber wenn man heiraten will, muss man doch vorher wählen. Wie aber kann man wählen, ohne Mädchenbekanntschaften zu machen? Wie und wo kann ich Mädchen treffen? Wohin soll ich gehen? Wohin soll ich lieber nicht gehen? Was halten Sie vom Tanzen? Warum argwöhnen alle Mädchen, sobald sie ein Junge anredet, dass er keine andere Absicht habe, als sexuelle Beziehungen anzuknüpfen?

Schließlich, wenn nun schon die sexuellen Organe so wenig ausschlaggebend sein sollen für die Wahl, was soll dann meine Wahl bestimmen? Woher kann ich wissen, ob ein Mädchen mich liebt oder ob ich sie liebe?

Fragen über Fragen! Ich hoffe nur, dass Sie nicht die Geduld mit mir verlieren.

B..., den 15. April

Walter T. an François

Du hast ganz Recht. Ja, es ist unbedingt nötig, dass Du die Bekanntschaft von Mädchen machst, ehe Du wählen kannst. Aber es ist hier in Afrika noch ein wenig schwierig, Dir praktische und ausführbare Ratschläge zu geben. Das Brauchtum ist noch zu stark, das nichts von der Liebe weiß: von dem wechselseitigen, freien und bedingungslosen Sichschenken zweier Personen. Aus diesem Grunde wurden die Mädchen früher sehr streng gehalten und oft sogar schon vor ihrer Geburt „verheiratet".

Die Haltungen und Vorstellungen, die von diesen Sitten herrühren, sind noch sehr lebendig, und man kann sie nicht von heute auf morgen ändern. Aber ich glaube, dass man doch schon eine neue Entwicklung einleiten sollte. Um glückliche Ehen zu ermöglichen, muss man Gelegenheiten schaffen, wo sich Mädchen und junge Männer treffen und Seite an Seite in guter Kameradschaft leben können, ohne Zwang, ohne falsche Scham, aber auch ohne Unverschämtheit. Gemischte Schulen, Jugendgruppen, Arbeitslager während der Ferien bieten meiner Meinung nach solche Gelegenheiten. Das wäre eine wirkliche Aufgabe der Kirche, nicht nur gegen den Ehebruch zu predigen, sondern darüber hinaus Jugendzentren in den Städten und Dörfern zu schaffen.

"Wohin soll ich gehen?" Es ist schwer, Regeln aufzustellen. Es ist vor allem eine Frage der Atmosphäre. Du musst zum Beispiel selbst beurteilen, ob Du tanzen gehen kannst und bei welchen Gelegenheiten. Es liegt bei Dir, die Gefahr von gewissen „dancings" und öffentlichen Bällen zu erkennen. Es liegt an Dir, Dich nicht in ein Abenteuer zu stürzen, dessen Ausgang fragwürdig ist.

Sage Dir einfach: „Ich gehe nirgends hin, wo ich nicht von demjenigen gesehen werden möchte, den ich in der ganzen Welt am meisten achte und liebe."

Um Bekanntschaften zu machen, ist es das Beste, dass sich mehrere Jungen und Mädchen in einer Gruppe zusammenfinden, ohne „Pärchen" zu bilden.

Dass die Mädchen bei den Jungen sexuelle Absichten vermuten, erklärt sich einerseits aus dem afrikanischen Brauchtum, das kein anderes Motiv für ein Treffen unter vier Augen kennt, andererseits aus negativen Erfahrungen. Wieder liegt es an Dir, Dich anders zu verhalten. Die ernst zu nehmenden Mädchen wünschen ebenfalls ein kameradschaftliches Miteinander, dessen bin ich sicher. Wenn das Mädchen keusch ist, wirst Du durch die Wahrung der Grenze ihre Achtung gewinnen. Darum setze Dir als Ziel: sei unter Deinen Kameraden derjenige, der gegenüber den Mädchen die größte Ritterlichkeit an den Tag legt und vor ihnen die höchste Achtung hat.

Natürlich, eines Tages heißt es sich entscheiden, und Du darfst die Entscheidung nicht auf die leichte Schulter nehmen, als ob Du sie eines Tages wieder rückgängig machen könntest. Denn nach Gottes Willen ist die Ehe unauflöslich. Nur der Tod darf jene scheiden, von denen Jesus sagt: „Sie sind nicht mehr zwei, sondern eins. Der Mensch soll nicht scheiden, was Gott zusammengefügt hat".

Als Anleitung für Deine Wahl rate ich Dir, Dir folgende Fragen zu stellen:

1. Zuerst die Frage des Glaubens. Ich entnehme Deinem letzten Brief, dass Dir die Vergebung Gottes nicht gleichgültig ist. Das heißt, dass Du Dir Dein Leben ohne Jesus Christus nicht denken kannst. Deshalb muss Deine erste Frage lauten: „Ist das Mädchen Christin? Kann ich mit ihr beten?" Wie könntet Ihr alles teilen, wenn Ihr das eine, was not ist, nicht teilt? Du wirst also kein Mädchen heiraten wollen, dem Jesus Christus nichts bedeutet. Das Einssein im Glauben ist das Fundament für das Einswerden in Eurer Ehe.

2. Dann musst Du Dich fragen: Liebe ich sie so sehr, dass ich sie zu meiner Frau machen möchte? Wie Du das wissen kannst? Hier sind einige Anzeichen: Wenn Du Dir Dein Leben fern von ihr nicht denken kannst, wenn Du eine Trennung von ihr schmerzlich empfindest, wenn ihr Dasein Deine Gedanken beschäftigt, Deine Träume erfüllt und Deine Pläne beeinflusst, wenn Dir ihr Glück genauso wichtig wird wie Dein eigenes. Die Zeichen, dass ein Mädchen Dich so sehr liebt, dass sie Dich zu ihrem Mann haben möchte, sind ähnlich: wenn sie Dir Briefe schreibt, wenn sie Dir zu gefallen sucht, wenn sie Vorwände sucht, um Dich zu treffen oder um Dir auszuweichen, besonders aber, wenn sie ihre freundschaftlichen Beziehungen mit anderen jungen Männern abbricht.

3. Es genügt nicht, sie wie eine Schwester zu lieben, wenn sie Deine Frau werden soll. Du musst sie anders lieben. Frage Dich: will ich sie zur Mutter meiner Kinder machen? Du wirst merken, dass bei dieser Frage viele Mädchen, die

Dir nur aufgrund ihrer äußeren Reize gefallen, von selbst aus der Wahl ausscheiden. Genauso muss sich das Mädchen fragen: „Bin ich bereit, mich ihm hinzugeben? Möchte ich die Mutter seiner Kinder werden?" Sie wird nicht daran denken, ihren Kindern einen Alkoholiker, einen Grobian, einen Geizhals oder einen Faulpelz als Vater zu geben.

4. Ist sie schließlich auch in ihrem Umgang und in ihrer Haltung, in ihrem Geschmack und ihrem Charakter, in ihrer Erziehung und Bildung diejenige, die mir als Lebensgefährtin helfen könnte, meiner Berufung gerecht zu werden und Leid und Freud meiner Arbeit zu teilen? Deswegen rate ich Dir in Deinem Falle, ein Mädchen zu suchen, das einigermaßen gebildet ist, damit Du mit ihr über die Probleme Deiner Arbeit in der Schule sprechen kannst. Das ist unbedingt nötig. Wirkliche Liebe spricht sich aus. Es gibt keine stumme Liebe. Schließlich kannst Du Dir noch folgende Fragen stellen: die Frage nach der Gesundheit, nach dem sozialen Milieu, nach dem Alter. Es ist besser, wenn Deine Frau etwas jünger ist als Du, aber nicht zu viel. Für einen jungen Mann ist nach dem Urteil der Ärzte das ideale Heiratsalter fünfundzwanzig Jahre, für ein Mädchen einundzwanzig Jahre. Aber das sind nur Richtlinien, keine starren Gesetze.

Bedenke, dass Du Dich nicht verheiratest, um jemand in Deiner Familie einen Gefallen zu tun. Betrachte eine Frau nie als Mittel zum Zweck, liebe sie um ihrer selbst willen und nicht, weil sie Dir etwas verschafft.

Aber das sind alles nur einige menschliche Hinweise. Jede Ehe bleibt dennoch ein einmaliges Abenteuer, voller Überraschungen, voll von Unbekanntem und Wunderbarem, aber auch umlauert von Gefahren. Nur im Vertrauen auf Gott darfst Du dieses Abenteuer wagen.

Mit anderen Worten: Gott selber muss Dich führen. Das ist nun der Punkt, wo sich Deine Frage nach der Wahl mit der anderen nach der Vergebung berührt. Solange Du nicht Gottes Vergebung erhalten hast, kann er Dich nicht führen. Durch die Überschreitung seiner Gebote trennen wir uns selbst von ihm. Es ist, als gäbe es eine Telefonleitung zwischen Gott und uns. Durch die Sünde wird sie unterbrochen. Erst wenn die Leitung „repariert" ist, kann Gottes Stimme gehört werden.

Diese „Reparatur" ist nicht so leicht, wie Du denkst: sechs Monate „Kirchenzucht" und dann hat man „automatisch" die Vergebung erlangt. Gottes Gnade ist keine billige Gnade. Sie kostet viel. Sie fordert das Eingestehen des Vergehens und die Reue des Herzens.

Die Kirchenzucht soll bezeugen, dass die Kirche dies oder jenes Betragen nicht billigt. Aber sie kann in keinem Fall die Reue ersetzen, und sie ist ebenso wenig eine Strafe. Es ist der Kirche untersagt, die Sünde zu bestrafen. Das hieße, Jesus Christus beleidigen, der unsere Strafe auf sich nahm, indem er für uns am Kreuz starb. „Er ist um unserer Missetat willen verwundet und um unserer Sünden willen zerschlagen. Die Strafe liegt auf ihm, auf dass wir Frieden hätten" (Jesaja 53,5).

Gott hat einen sehr hohen Preis gezahlt, um Dich zu erlösen: er hat seinen einzigen Sohn gegeben.

Ich bitte Dich, mehrmals hintereinander langsam den 32. Psalm zu lesen. Eines der Geheimnisse des christlichen Lebens wird darin aufgedeckt: die Beziehung zwischen unserer Reue und der Tatsache, dass Gott uns führt.

Der Psalmist erklärt: „Da ich's wollte verschweigen, verschmachteten meine Gebeine." Und er fährt fort: „Ich bekannte dir meine Sünde." Gott antwortet: ich will dich unterweisen und dir den Weg zeigen, den du wandeln sollst."

Nun weiß ich schon im Voraus, welche Frage Du wohl in Deinem nächsten Brief stellen wirst: „Wie bereut man?" Ja, das ist die Schlüsselfrage des Lebens, deren Beantwortung die Antwort auf alle anderen Fragen enthält.

Aber diese Antwort kann ich Dir nicht brieflich geben. Wir sind hier an einer gewissen Grenze unseres Briefwechsels angekommen. Bis hierher konnte ich Dich schriftlich beraten, aber nun müssen wir unter vier Augen miteinander reden, von Bruder zu Bruder. Ich lade Dich darum herzlich ein, mich zu besuchen.

Niemand kann sich das Evangelium selber mitteilen. Wir brauchen einen Bruder, der es uns verkündigt. Dietrich Bonhoeffer, ein großer Theologe unserer Zeit, drückte diese Wahrheit folgendermaßen aus: „Christus wurde unser Bruder, um uns zu helfen; nun ist durch ihn unser Bruder für uns zum Christus geworden in der Vollmacht seines Auftrages. Der Bruder steht vor uns als Zeichen der Wahrheit und der Gnade Gottes. Er ist uns zur Hilfe gegeben. Er hört unser Sündenbekenntnis an Christi statt, und er vergibt uns unsere Sünde an Christi statt."

Ich bin bereit, und ich erwarte Dich.

P.S. Du experimentierst doch so gern. Mach doch das Experiment und komm! Anbei eine Anweisung für Deine Reisekosten.

E..., den 2. Mai

François an Walter T.

Nur kurz die Mitteilung, dass ich gut heimgekehrt bin, fast zu gut. Aber davon später.

Zunächst aber meinen Dank für Ihre seelsorgerliche Hilfe. Jetzt kann ich Ihnen ja eingestehen, dass es mich eine große Überwindung gekostet hat, überhaupt zu Ihnen zu fahren. Der Trick, mir das Reisegeld zu schicken, nahm mir meine beste Ausrede. Aber ich hatte mir fest vorgenommen, kein Wort zu sagen und Sie reden zu lassen. Ich gebe zu, dass ich Angst hatte. Das Verhör vor dem Presbyterium hat mich kaum berührt. Aber vor Sie hinzutreten, das hat mich geschlaucht.

Alles verlief aber dann ganz anders, als ich es erwartet hatte. Sie gaben mir nicht das Gefühl, vor einem Richter zu stehen, sondern neben einem Bruder zu sitzen, der ein Sünder ist wie ich.

Dass auch Sie so offen von Ihren „Pannen" sprachen, hat mir dann die letzten Hemmungen genommen, auch von den meinen zu reden. Erst wollte ich es machen wie jener Bauer, der zwar gestand, einen Strick gestohlen zu haben, aber der die Kuh verschwieg, die daran gebunden war. Ich weiß nicht, wie es kam, aber auf einmal war es ganz leicht, auch von der „Kuh" zu sprechen. Nie hätte ich geglaubt, welche Erleichterung es bedeutet, gewisse Dinge einfach auszusprechen. Das kann man eben nicht wissen, ehe man nicht „experimentiert" hat.

Leider war die „Kuh", die meinen ersten Brief an Sie veranlasste, bei weitem nicht meine einzige. Es kostete mich viel, alles offen auf den Tisch zu legen.

Merkwürdigerweise wurden wir aber dadurch nicht trübselig sondern immer froher. Zum Schluss war die Atmosphäre geradezu heiter. Vielleicht ist so ein Aussprechen überhaupt die fröhlichste Sache der Welt. Plötzlich merkte ich, dass es letzten Endes gar nicht um mein Fallen ging, sondern um mein Aufstehen, nicht um meine Sünden, sondern um deren Vergebung.

Sie haben recht: es ist unmöglich, sich seine Sünden selber zu bekennen. In meinen besten Stunden habe ich mir einzureden versucht, dass Gott mir vergeben hat. Aber Gewissheit habe ich erst erlangt, seitdem Sie mir das Wort aus Jesaja 43 persönlich auf den Kopf zugesagt haben: Gott spricht: „François, fürchte Dich nicht; François, ich habe Dich erlöst; François, ich habe Dich bei Deinem Namen gerufen; François, Du bist mein."

Manchmal fällt es mir noch schwer zu glauben, dass die Strafe, die ich verdient habe, von Jesus getragen wurde und dass mir das Frieden geben soll. Ich denke, es würde mir mehr Frieden geben, wenn ich selbst auch ein klein wenig leiden dürfte. Nicht um mir die Vergebung zu verdienen, sondern um meine Reue durch eine konkrete Tat zu zeigen. Aber das könnte auch Stolz sein, wie Sie sagen. Ich will versuchen zu glauben, dass Jesus alles vollbracht hat.

Aber jetzt sollen Sie erfahren, was ich auf der Rückreise erlebt habe. Bei mir dreht sich alles. Ich bin ganz umgekrempelt und durcheinander. Ich bin nicht mehr derselbe. Ich bin ... ich weiß nicht ... kurzum, ich habe ein Mädchen kennengelernt.

Ich liebte ein Mädchen / 41

"Mädchen" ist das falsche Wort. Ich hätte sagen sollen "Königin". Und was heißt schon "kennengelernt"? Ich müsste sagen: zum ersten Mal in meinem Leben habe ich in einem Mädchen einen Menschen gesehen, eine Person, eine Persönlichkeit.

Dass eine solche Begegnung einen so verwandeln kann! Es ist unglaublich. Ich kenne mich nicht wieder. Unmöglich, Ihnen eine Beschreibung zu geben. Jedes Wort ist zu blass. Nur so viel: Ich bin dem Mädchen begegnet, die meine Frau sein wird. Jetzt möchte ich Ihr Gesicht sehen!

Dennoch bleibt mir wieder eine Frage. Dass alles so unmittelbar nach meinem Besuch bei Ihnen geschah, gibt mir zu denken. Meinen Sie, dass Gott mich bei dieser Begegnung geführt hat, dass ein Zusammenhang zwischen dieser Bekanntschaft und meinem Bekennen besteht?

Sie versichern mir, dass Gott mich ganz neu führen würde, sobald die Leitung repariert sei. Aber so schnell? Mit solcher Präzision? Das ist fast unheimlich. Ist Gott so nahe? Ich zittere...

Es wäre noch viel zu sagen. Aber ich muss Schluss machen. Ich will "ihr" noch schreiben...

B..., den 6. Mai

Walter T. an François

Dank für Deinen letzten Brief, der heute kam. Du hättest mir keine größere Freude machen können. Meinen herzlichen Glückwunsch. Wenn mich nicht alles täuscht, bist Du regelrecht verliebt. Ich danke Gott, dass er Dir dieses Erlebnis geschenkt hat.

Ja, ich bin fest überzeugt, dass ein Zusammenhang besteht zwischen Deinem neuen Schritt im Glauben und der Begegnung mit jenem Mädchen. Nicht immer handelt er so schnell. Mitunter kann er uns auch lange warten lassen, um uns Geduld zu lehren und unseren Glauben auf die Probe zu stellen. Es ist schon eine besondere Barmherzigkeit, wenn er Dir gleich einen so sichtbaren Fingerzeig gibt, um Dir bei Deinen ersten Schritten nach dem Neuanfang zu helfen. Auf jeden Fall aber handelt er ohne Unterlass und ist uns immer nahe, ob wir es spüren oder nicht. Möge das Zittern, das durch Dein Inneres ging, Dich niemals verlassen!

Auch wenn ich weiß, dass die erste „wirkliche" Liebe nicht unbedingt zur Ehe führen muss, bin ich nun doch neugierig geworden, und Du musst mir auch einmal eine Frage erlauben: Wer ist dieses Mädchen? Wie heißt sie? Berichte mir, bitte, in allen Einzelheiten, wie Du diese Königin kennengelernt hast. Erwidert sie Deine Liebe? Hast Du schon mit ihren Eltern gesprochen? Darf ich Euch trauen? Soll ich schon meine Traurede vorbereiten? Antworte bald!

E..., den 3. Juni

François an Walter T.

Vier Wochen sind seit Ihrem letzten Brief vergangen. Nein, Herr Pfarrer, bereiten Sie noch keine Traurede vor. Unsere Hochzeit wird noch Jahre auf sich warten lassen, wenn sie überhaupt jemals stattfinden wird.

Ich bin todunglücklich.

Aber zunächst will ich Ihnen die ganze Geschichte von vorn erzählen. Sie heißt Cécile. Wir lernten uns im Autobus kennen. Sie hatte ein kleines Kind auf dem Arm. Später erfuhr ich, dass es das Baby ihrer kranken Schwester war. Ich hielt sie für eine verheiratete Frau. Sie hatte zwei Koffer und einen Stapel Geschirr. Wir hatten keine Sitzplätze. In den Kurven mussten wir uns aneinander festhalten, um nicht umzufallen. Unterhaltung über Alltagsdinge. Mein erster Eindruck: ein ungewöhnliches Mädchen. Das ist schwer zu erklären. Offener als die anderen und gleichzeitig zurückhaltender. Ich hatte keinen schmutzigen Gedanken in ihrer Gegenwart.

Als sie aussteigen wollte, bat sie mich, ihr das Gepäck durch das Fenster zu geben. Aber der Bus fuhr weiter, ehe ich es ihr geben konnte. Dann dauerte es fünf Minuten, bis ich den Fahrer dazu brachte, dass er noch einmal anhielt.

Ich stieg aus und befand mich nun mitten im Busch mit dem Gepäck einer Unbekannten. Was tun? Ich ging zu Fuß zurück, und nach zwanzig Minuten etwa traf ich das Mädchen mit dem Baby wieder, alle beide in Tränen.

Wenig Hoffnung, am gleichen Tag noch eine Fahrverbindung zu bekommen. Sie lädt mich ein, im Dorf bei ihren Eltern zu bleiben, wenige Kilometer abseits der Straße.

Merkwürdige Situation: wir kommen an, sie mit dem Baby auf dem Arm und dem Geschirrstapel auf dem Kopf, ich mit ihren zwei Koffern. Eine wahre Augenweide für das ganze Dorf!

Reservierter Empfang. Sie erklärt die Situation. Gutes Essen.

Tausendmal stelle ich mir nun Ihre Fragen. Alles scheint darauf zugeschnitten. Sie ist Christin, Schülerin und interessiert sich für schulische Arbeit. Ich könnte mir keine Geeignetere als Mutter meiner Kinder vorstellen. Sie ist ein wenig jünger als ich, auch gesund.

Außerdem fühle ich genau, dass ich ihr nicht gleichgültig bin. Obwohl sie schweigt, sagen ihre Blicke viel.

Nicht im Traum fällt mir ein, mit ihr die Nacht zu verbringen. Ich kenne mich nicht wieder. Früher wäre das mein erster Gedanke gewesen.

Am nächsten Morgen verabschiede ich mich. Die Eltern sind höflich, aber sagen nichts.

Dann kommen Briefe, fast täglich. Hier ist einer, den ich schon auswendig kann. Schicken Sie ihn mir bitte so schnell wie möglich zurück. Sie sehen nun selbst, wie ernst es ihr ist. Ich schwimme im Glück, bin voller Pläne...

Und dann kommt die Rechnung!

Ich finde dafür keinen anderen Ausdruck. Ihr Vater will sie dem Meistbietenden verkaufen, wie bei einer Auktion. Er verlangt, da es, wie man sagt, schon andere Angebote gibt, einen Preis von 1600 Mark. Aber ich fürchte, dass dies nur eine Anzahlung ist. Es ist nur die erste Rate.

Und mein Engel ist die Ware.

Was sagen Sie nun? Dieses Hindernis haben Sie nicht einkalkuliert, nicht wahr? Ihre schönen Theorien über die Liebe des Herzens und der Seele, was nützen sie mir nun?

Natürlich verbietet man uns nicht, uns zu lieben, vielleicht sogar nicht einmal, uns zu vereinigen, unter der Bedingung, dass wir nicht heiraten. Sich zu heiraten, einfach weil man sich liebt, ist unvorstellbar und kann nicht toleriert werden. In diesem System ist das Mädchen niemals die Gattin ihres Mannes, sondern die Gattin des Brautpreises.

1600 Mark! Für mich ist das eine astronomische Summe. Sie haben mich träumen lassen. Aber die Wirklichkeit ist grausam und zerstört den Traum. Ich habe jede Hoffnung verloren.

Oder wollen Sie vielleicht, dass ich bei Ihnen als Waschboy arbeite, bis meine Haare so weiß sind wie die Wäsche, die ich wasche!

Ich weiß, ich bin unverschämt und undankbar. Sie haben diesen Sarkasmus gewiss nicht verdient. Im weiß aber keinen anderen Weg, um meiner Verzweiflung Luft zu machen.

Ich möchte lieber sterben, als ohne wirkliches Leben dahinzuvegetieren.

Am liebsten möchte ich laut schreien, schreien im Namen der unzähligen jungen Männer, die zur Ehelosigkeit verdammt sind und den Prostituierten in die Arme getrieben werden. Schreien im Namen zahlloser Mädchen, die in Ehen mit reichen und in vielen Fällen polygamen Tattergreisen gezwungen werden.

Wer aber wird meinen Schrei hören?

Ich klage die Verantwortlichen unseres Landes an, die das Geld der Armen verprassen, anstatt das Frauenmonopol der Reichen zu brechen und ein unmenschliches, brutales System abzuschaffen.

Ich klage diese totalitäre Gesellschaft an, diese Diktatur des Klans, die ein Mädchen dazu bestimmt, die materiellen Wünsche ihrer Eltern zu befriedigen und das Defizit in der Familienkasse auszugleichen.

Ich klage ein Brauchtum an, das die Zahl der Eheschließungen und Geburten senkt, das den Vätern erlaubt, ihre Kinder zu kolonisieren, weitaus mehr, als jemals ein anderes Volk uns kolonisiert hat. Ich klage eine Tradition an, die die Ausbeutung des Paares durch die Familie fördert und die persönliche und nationale Freiheit bedroht, weil die ältere Generation die jüngere am Gängelband führt.

Ich klage die egoistischen Väter an, die zu faul sind zum Arbeiten und ihre Töchter dazu benutzen, ihre Schulden zu bezahlen und um Schnaps, Autos und Frauen zu kaufen.

Ich klage die Mädchen an, die angesichts dieser Landplage des Brautpreises gleichgültig und passiv bleiben, ihren Eltern nicht hineinreden und sich dann hinterher über ihre Ehe beklagen, die sie ihrer Freiheit mehr beraubt als Kerkermauer und Stacheldraht.

Ich klage die Kirche an, die, anstatt mich aufzuklären, mich unter harte, unverständliche Gesetze stellt und die, als ich sie übertrat und der Gnade Gottes mehr denn je bedurfte, mir gerade diese Gnade entzog. Ich klage die Kirche an, die straft, anstatt zu helfen, die mir mein Arbeitsverhältnis kündigte und mich so in Versuchung führt, mich mit einer Prostituierten einzulassen, um mich hinterher dafür schuldig zu sprechen.

Warum zeigt mir Gott, dieser sogenannte Schutzherr der Liebesehe, seinen Weg, ohne mich in den Stand zu setzen, ihn zu gehen? Wenn die Heirat aus Liebe nur das Vorrecht der Reichen ist, warum lässt Gott dann nicht die 1600 Mark vom Himmel fallen, die ich brauche? Wo ist seine Macht? Ist er nicht mächtiger als diese kleinen Gegengötter: der Mammon und der Klan? Was für ein Gott!

Sie haben in mir Gefühle geweckt, deren ich mich niemals für fähig gehalten hätte. Sie haben mich gelehrt zu lieben. Sie haben in mir ein Feuer entfacht, dessen Ursprung himmlisch sein muss und ohne das ich in meinen Augen kein Mensch mehr wäre. Aber jetzt verzehrt mich dieses Feuer. Es lässt mich unerträglich leiden, und es wird mich töten ...

Ich erwarte keine Antwort, denn es gibt keine.

ZWISCHENBRIEF

Walter T. an deutsche Leserinnen und Leser

Als ich diesen Brief erhielt, verschlug es mir zunächst die Sprache. Ich wusste tatsächlich nicht, wie ich reagieren sollte. Auf keinen Fall wollte ich François mit einer billigen, vorgekauten Antwort und frommen Vertröstungen abspeisen oder gar mit der etwas hämischen Gegenfrage, ob er denselben Brief auch als Vater heiratsfähiger Töchter geschrieben hätte. Ich wusste, dass hinter diesem zornigen Aufschrei des afrikanischen jungen Mannes die Not Tausender steht.

Bei einem solchen Brief darf man die Worte nicht auf die Goldwaage legen, sich aber vor allem nicht von der Bitterkeit des Tones und der Ungerechtigkeit der Übertreibungen in die Verteidigung drängen lassen. Es gilt zunächst, einfach zuzuhören. Ein längeres Schweigen schien mir daher der beste Ausdruck des Verstehens und die ehrlichste Weise zu antworten. Denn ich war wirklich ratlos.

Wir machen uns wohl nicht genügend klar, was es heißt, eine Entwicklung, zu der unsere Gesellschaft Jahrhunderte brauchte, in einigen Jahrzehnten durchlaufen zu müssen. Ursprünglich war der Brautkauf ja ein sehr sinnvoller Brauch, der der Stabilisierung der Ehe diente. Der Wert bestand in Vieh und galt als Gegenleistung für den Verlust der Produktionskraft, die die Familie des Mädchens bei der Verheiratung ihrer Tochter erfuhr. Im Falle einer Scheidung musste das Vieh zurückerstattet werden. Deshalb wirkte die Familie der Frau auf die Erhaltung der Ehe hin.

Die Einführung des Geldes, das heute bezahlt und morgen ausgegeben wird, nahm dem Brauch weithin diesen Sinn. Das gleichzeitige Angebot westlicher Luxusartikel tat ein Übriges. Heute ist tatsächlich vielfach ein regelrechter Mädchenhandel im Gange. Ein hochgestellter afrikanischer Jurist zeigte mir eine ganze Wand mit Prozessakten gegen Väter, die von verschiedenen Personen Geld für dieselbe Tochter entgegengenommen hatten.

Das Schlachtfeld jedoch, auf dem sich dieser jähe und übergangslose Zusammenprall von Alt und Neu abspielt, ist das menschliche Herz. Darum ist kein Lebensbereich davon so betroffen wie Ehe und Familie. Es ist, als ob hier brennpunktartig die sozialen, religiösen und politischen Probleme des modernen Afrika zusammenliefen und sichtbar würden. Roland de Pury, ein französischer Pfarrer, der jahrelang in Afrika als theologischer Lehrer gewirkt hat, sieht in der Änderung der Stellung der afrikanischen Frau überhaupt die Grundbedingung jeder weiteren Entwicklung. Er formulierte: „Es gibt keinen freien Mann, solange er keine freie Frau an seiner Seite hat. Es gibt keine Unabhängigkeit, solange es kein unabhängiges und verantwortungsvolles Ehepaar gibt."

Könnte man nicht hinzufügen: Es gibt kein unabhängiges Paar, solange nicht die Liebe zum tragenden Grund der Ehe wird?

Ist das aber wahr, dass der Schlüssel zur Lösung der Probleme Afrikas – die „Entwicklungshilfe" im innersten Sinne – in einem vertieften Verständnis dessen liegt, was Liebe, insbesondere eheliche Liebe ist, dann stehen wir plötzlich mit leeren Händen da. Was haben wir in dieser Hinsicht Afrika zu bieten? Was erlebt ein Afrikaner auf diesem Gebiet, wenn er heute nach Europa kommt? Haben wir nicht selber gerade erst angefangen, die Liebe als den tragenden Grund der Ehe zu entdecken, und müssen wir, auch wenn wir keinen Brautpreis haben, nicht diesen Traggrund ständig gegen andere Formen materialistischer Bedrohung verteidigen?

Wer einem anderen begegnet, lernt sich selber kennen. So ist es auch mit einem Erdteil. Wenn wir Afrika begegnen, sehen wir Europa plötzlich in einem anderen Licht. Auf einmal stehen wir nicht mehr da als die herablassend Schenkenden, als die Fortgeschrittenen und Reifen, die alle Antworten haben, sondern als die, die selber in Not sind und Hilfe brauchen.

Als mir das aufgegangen war, erreichte mich der folgende Brief Céciles, der mich neu ermutigte, um die Ehe von François zu kämpfen.

Y..., den 1. Juli

Cécile an Walter T.

... Ich schreibe Ihnen in großer Unruhe. Seit etwa vier Wochen habe ich nichts mehr von François gehört. Er hat mir viel von Ihnen erzählt und geschrieben. Deshalb wende ich mich an Sie.

Anfangs schrieben wir uns fast täglich, vor allem seitdem ich hier in Y. in der Schule bin. Aber seit Anfang Juni bleiben meine Briefe unbeantwortet.

Ich bin in großer Sorge. Was soll ich tun? Können Sie mir helfen?

B..., den 10. Juli

Walter T. an Cécile

Wie gut, dass Sie mir geschrieben haben! Aus dem wenigen, was mir François über Sie berichtet hat, meine ich doch, Sie schon ein wenig zu kennen, obwohl wir uns noch nie sahen.

Auch mir ist François sehr ans Herz gewachsen, schon seit seiner Schulzeit. Ich schlage Ihnen vor, dass wir uns miteinander verbünden, um ihm zu helfen.

Vielleicht ist Ihnen nicht ganz bewusst, was ihm die Begegnung mit Ihnen bedeutet.

Sie wissen, dass er Anfang des Jahres seine Stellung verlor. Er war damals ganz verzweifelt, und wir schrieben uns lange und ausführlich. Er fühlte sich von allen im Stich gelassen, auch von seiner Kirche, und ich hatte Angst, er würde auch seinen Glauben an Gott verlieren.

Es ist ein Wunder, dass das Gegenteil geschah: Sein Glaube wurde tiefer. Er ließ sich vergeben. Das, was Gott tat, wurde ihm größer als das, was Menschen tun. Er hatte den Mut, ganz klein zu werden vor Gott. Deshalb wurde ihm Gott ganz groß.

Es war ein großer Augenblick. Sie müssen dankbar sein, dass Sie einen Mann bekommen sollen, der eine solche Entscheidung gefällt hat.

Auf dem Heimweg begegnete er Ihnen. Zufall? Für François war es mehr. Es war für ihn ein Zeichen, dass Gott ihn nicht verlassen hatte, dass er ihn trotz allem noch liebte. Sie wurden ihm zur Glaubensstärkung. Es wurde ihm leichter, auf Gott zu vertrauen, weil Sie da waren.

Umso härter traf es ihn, als Ihr Vater gleich 1600 Mark forderte. Wissen Sie das überhaupt?

Sein ganzer Glaube geriet dadurch wieder ins Wanken. Er schrieb mir einen zornigen Brief, dessen zweiten Teil ich Ihnen abgeschrieben habe. Es ist ein typischer Françoisbrief. Sie kennen ihn ja nun wohl auch schon ein wenig. Er hat die Neigung, sobald Hindernisse auftreten, alles hinzuwerfen: Glaube, Liebe, Gott, Staat, Kirche, mich und Sie.

Der Brief ist am 3. Juni geschrieben. Seither habe auch ich nichts mehr von François gehört.

Cécile, ich habe den Brief schon oft gelesen, und jedes Mal empfinde ich es wieder: Es ist doch ein großartiger Brief. Er ist so ehrlich in seiner Wut. Alle klagt François an, nur sich selber nicht. Er tut, als sei er der erste und einzige, der je einen Brautpreis hat zahlen müssen. Aber so ist unser

Ich liebte ein Mädchen / 53

François: solange etwas andere betrifft, geht es ihm nicht unter die Haut. Wenn es ihm dann selber widerfährt, fällt er aus allen Wolken.

Auf keinen Fall darf der Brief unbeantwortet bleiben. Er drückt aus, was viele empfinden. Ich sage Ihnen ehrlich, dass er mir zunächst die Sprache verschlagen hat. Auch weiß ich nur zu gut, dass wir Europäer nicht unschuldig daran sind, dass aus dem Brauch ein Missbrauch wurde.

Ich überlegte gerade, wie ich am wirksamsten und hilfreichsten antworten könne, da kam Ihr Brief.

Das brachte mich auf folgenden Gedanken: Sie können François wohl im Augenblick mehr helfen als ich. Darum möchte ich Sie bitten, den Brief an meiner Stelle zu beantworten.

Ich finde, wir sollten gemeinsam um Ihre Ehe ringen. Zeigen Sie François, dass die Liebe für Afrikaner kein unbekanntes und verbotenes Land ist, wie viele Leute meinen! Zeigen Sie ihm, dass auch Afrikaner lieben können und dürfen!

Dies ist keine Geldfrage, sondern eine Glaubensfrage. Zeigen Sie, dass Glaube nicht anklagt, sondern kämpft! Besonders weise ich Sie auf den Abschnitt über die Mädchen hin, die er der Passivität beschuldigt. Auf diesen Vorwurf können nur Sie antworten. Beweisen Sie François, dass es Mädchen gibt in Afrika, die anders sind! Ich traue Ihnen viel zu und zähle auf Sie.

Y..., den 20. Juli

Cécile an Walter T.

Gestern habe ich Ihre Bitte erfüllt und auf François' Brief geantwortet. Ich habe lange mit mir gekämpft. Erst wollte ich es nicht tun. Nun habe ich es doch versucht. Beiliegend sehen Sie das Ergebnis.

Es war ein schwerer Brief. Ich getraue mich nicht, ihn abzusenden.

Die ganze Nacht habe ich überlegt, was ich tun soll. Dann bin ich auf den Gedanken gekommen, ihn erst an Sie zu schicken zur Durchsicht. Bitte, lesen Sie ihn auch Ihrer Frau vor! Wenn auch Ihre Frau meint, dass es ratsam ist, ihn abzuschicken, will ich es tun.

Es ist so schwer, ganz wahr zu sein und doch nicht zu verletzen. Ich habe Angst vor der Antwort. Die letzten vier Worte lasse ich doch lieber weg. Sie sind zu stark.

Y..., den 19. Juli

Cécile an François

Ich liebe einen jungen Mann. Er heißt François. Bei allem, was Du lesen wirst, sollst Du nicht daran zweifeln.

Ich war Dir vom ersten Augenblick an zugetan, als wir uns im Autobus trafen und als Du mir halfst, mein Gepäck heimzutragen. Ich fühlte mich noch mehr hingezogen zu Dir, als Du in jener Nacht nicht versuchtest, zu mir zu kommen. Ich spürte, dass es Dir nicht um meinen Körper ging, sondern um mich selber. Nicht um eine Stunde der Lust, sondern um ein Leben miteinander.

Gerade weil ich Dich liebe, wage ich, Dir diesen offenen Brief zu schreiben.

Pfarrer Walter hat mir den Brief, den Du ihm am 3. Juni schriebst, teilweise abgeschrieben und mich gebeten, Dir darauf zu antworten.

Als ich den Brief gelesen hatte, habe ich mich ein wenig geschämt für Dich. Aber nun kann ich mir wenigstens erklären, warum ich solange nichts von Dir hörte.

François, ich verstehe Dich gut. Ich habe alle Deine Briefe aufgehoben. Wenn ich sie lese und wieder lese, kann ich ermessen, wie sehr Dich die Forderung meines Vaters getroffen hat. Ich weiß, dass Du arm bist. Ich weiß, dass Du Deine Stellung verloren hast. Ich spüre, wie sehr Du mich liebst …

Vielleicht hast Du Recht, dass die Kirche versagt hat. Sicher hast Du Recht, dass es noch viel Unrecht in unserem jungen Staat gibt. Wenn Alt und Neu so jäh aufeinanderprallen, kann das gar nicht anders sein. Du darfst nie vergessen, dass sich bei uns in einer Generation vollzieht, wozu Europa Jahrhunderte brauchte. Dadurch ist aus dem Brauch ein Missbrauch geworden, wie sich Pfarrer Walter ausdrückt. Aber daran sind nicht nur die Europäer schuld, sondern auch wir selber.

Dabei hat der Brautpreis doch ein Gutes: Er zeigt uns Mädchen, was wir einem Mann wert sind. Wir sind nun mal so: Wir lieben den, dem wir was kosten, der um uns kämpft und uns erobert.

Ich schrieb Dir anfangs: Ich liebe einen jungen Mann. Ein Mann aber klagt nicht nur an. Ein Mann kämpft.

Dadurch, dass Du Gott und alle Welt anklagst, wird gar nichts anders. Ich habe nur Achtung vor Dir, wenn Du kämpfst. Und ich kann Dich nur lieben, wenn ich Achtung vor Dir habe. Darum bitte ich Dich, dass Du um mich kämpfst, dass Du mit mir um unsere Ehe kämpfst.

Denn ich will Dich nicht allein lassen. Ich will mit Dir kämpfen. Du hast recht: die meisten Mädchen lassen sich willenlos verkaufen wie Ware. Ich verteidige sie nicht. Aber Deine Cécile will anders sein.

Je mehr wir gekämpft haben, umso kostbarer wird unsere Ehe sein. Was einem in den Schoß fällt, ist nichts wert. Es schmiedet uns nicht zusammen.

Ich weiß, dass Gott uns füreinander bestimmt hat. Ich kann Dir das nicht erklären. Ich weiß es einfach. Ich kann Dir jetzt nicht mit dem Verstand sagen, wie wir das Geld bekommen oder meinen Vater umstimmen oder wie Du wieder Arbeit findest. Und doch weiß ich tief in meinem Herzen, dass es einen Weg gibt, dass wir eines Tages zusammengehören werden.

Gott hilft uns eben nicht so, dass er uns Geld vom Himmel fallen lässt, sondern er geht mit uns Schritt um Schritt durch alle Schwierigkeiten hindurch, wenn wir Seine Hand ergreifen. Was wir brauchen, ist nicht Geld, sondern Glauben, Gottvertrauen.

Nochmals: Ich liebe Dich. Aber ich liebe den jungen Mann François, [nicht den Waschlappen François].

B..., den 22. Juli

Ingrid T. an Cécile

Auf Ihren Wunsch hin hat mir mein Mann Ihren Brief an François vorgelesen. Sie haben damit ins Schwarze getroffen, mit der Unfehlbarkeit der Liebe.

Ich muss Ihnen etwas gestehen: Ich hätte es nie für möglich gehalten, dass ein Mädchen Ihres Alters einen solchen Brief schreiben kann. Umso dankbarer bin ich dafür und hoffe, dass wir uns bald persönlich kennenlernen können.

Ja, ich weiß, wie schwer das ist, zu helfen, ohne weh zu tun. Ein Arzt kann auch nicht immer Salbe anwenden, sondern muss oft schneiden. In der Ehe wird einer zum Arzt des anderen.

Nur wer heilen kann, darf wehtun. Deswegen darf nur Liebe wehtun mit gutem Gewissen. Aber sie darf es, und sie soll es. Denn wirkliche Liebe ist nicht sentimental und mitleidig, sondern hart und kühn.

Vor allem hat mich beeindruckt, dass Sie den Zusammenhang empfinden zwischen Respekt und Liebe. In seiner Erklärung zu dem Gebot: „Du sollst nicht ehebrechen" sagt Martin Luther: „Was heißt das? Wir sollen Gott fürchten und lieben, dass wir keusch und züchtig leben in Gedanken, Worten und Werken und ein jeglicher sein Gemahl liebe und ehre."

Da ist auch dieser Zusammenhang. Dennoch hat „ehren" einen viel tieferen Sinn, als Sie meinen. Ehren heißt anerkennen, auch da noch etwas finden, das liebenswert ist, wo kein anderer mehr etwas zu lieben entdecken kann. Ich glaube, eine Frau, die wirklich liebt, liebt ihren Mann auch in seiner schwächsten Stunde, im Versagen, im Scheitern, wenn er die Blätter hängen lässt wie ein vertrockneter Bananenbaum. Nur wer so ehrt, liebt auch wirklich.

Schicken Sie diesen Brief getrost ab! Er ist gut. Gott segnet Mut und Ehrlichkeit. Haben Sie keine Sorge! Wenn das Herz von François schwarz wird vor Ärger, dann wird es mein Mann schon wieder entschwärzen.

Auch hier gilt: „Furcht ist nicht in der Liebe."

E..., den 27. Juli

François an Walter T.

… So ist es Ihnen doch gelungen, dass ich Ihnen wieder schreibe …

Eben kommt der von Ihnen dirigierte Brief von Cécile. Das war schlau von Ihnen, sie einzuschalten. Sie kennen mich gut und wissen genau, wo ich verwundbar bin …

Aber der Brief hat genau das Gegenteil bei mir erreicht von dem, was er erreichen sollte. Sie kritisiert mich nicht nur, sie beleidigt mich sogar.

Und ich hielt sie für einen Engel! Jetzt hat der Engel seine Zähne gezeigt …

Aber das ist gut so. Ich weiß nun wenigstens, woran ich bin. Darum bin ich froh, dass sie mir diesen Brief geschrieben hat. Ich habe nun keine Illusionen mehr. Die Enttäuschung macht es mir leichter, mein Los zu tragen.

Das erste Mädchen habe ich genommen, als es sagte, ich sei kein Mann. Dieses werde ich verlassen, weil es sagt, dass ich kein Mann sei. Sie haben mir einmal geschrieben: „Der wahre Mut besteht hier in der Flucht." Also —

Gut, dass sie ihre Maske hat fallenlassen, ehe ich den Fehler machte, sie zu heiraten.

Wie heißt es doch in der Bibel, Epheser 5,22-24? Ich schreibe es Ihnen ab, Herr Pfarrer, damit Sie nicht erst nachzuschlagen brauchen:

Vers 22: „Die Weiber seien untertan ihren Männern als dem Herrn."

Vers 23: „Denn der Mann ist des Weibes Haupt, gleichwie auch Christus das Haupt ist der Gemeinde, die er als seinen Leib erlöst hat."

Vers 24: „Aber wie nun die Gemeinde ist Christus untertan, so seien es auch die Weiber ihren Männern in allen Dingen."

In *allen* Dingen! Wenn sie mir jetzt schon widerspricht, wie soll das erst in der Ehe werden! Ich will wie alle afrikanischen Männer eine Frau, die mir gehorcht, bedingungslos gehorcht, in allen Dingen. So sagt es die Bibel. Wie die Gemeinde Christus zu gehorchen hat, so muss auch die Frau dem Mann gehorchen. Das ist ganz klar und eindeutig.

Ich bin gewarnt. Dafür danke ich Ihnen.

B..., den 3. August

Walter T. an François

Genauso habe ich mir vorgestellt, dass Du reagierst.

Du bist ein Dummkopf. Lass es Dir nur ganz „klar und eindeutig" sagen: ein großer Dummkopf!

Ich habe Cécile s Brief gelesen, ehe sie ihn Dir sandte, und ihn auf ihren Wunsch hin auch meiner Frau vorgelesen. Wir wünschten beide, dass ihn viele Väter und Mütter, junge Männer und Mädchen lesen würden, nicht nur in Afrika, sondern auch in Europa. Es ist ein ganz ungewöhnlicher Brief. Wir waren davon tief bewegt.

Du, Deine Cécile ist kein Stück Holz, kein Baby, kein willenloses Arbeitstier, sondern ein Mädchen mit großer Reife. Ich gratuliere Dir zu diesem Mädchen. Du ahnst nicht, welches Geschenk es ist, dass ein solcher Mensch Dich liebt. Du hast mir in der ersten Aufwallung geschrieben, nachdem Du den Brief einmal gelesen hattest. Das soll man nie tun. Lieber erst mal eine Nacht darüber schlafen, um Abstand zu gewinnen, auch zu sich selber. Lies den Brief noch mal, in aller Ruhe! Merkst Du nicht, wie schwer es für Cécile war, ihn zu schreiben? Dass sie alles Harte nur sagt, gerade weil sie Dich liebt?

Weißt Du, Liebe macht eben nicht blind, sondern sehend. Sie sieht klar die Fehler und Schwächen des anderen und liebt ihn trotzdem, einschließlich seiner Schwächen und Fehler.

Du hast mich einmal gefragt, woran man merke, dass man einen Menschen liebt. Ich habe Dir geantwortet: Daran, dass einen seine Fehler nicht mehr stören. Zwar liebt man nicht seine Fehler, aber man liebt den anderen mit seinen Fehlern. Man fühlt sich für ihn verantwortlich.

Nun geschieht es Dir, dass Dich Cécile so liebt. Aber statt dankbar zu sein, ärgerst Du Dich. Oder hast Du gemeint, Du hast keine Fehler? Vielleicht könnte man gar nicht wirklich geliebt werden, wenn man keine Fehler hätte.

Ich liebte ein Mädchen / 61

Sei doch ehrlich: Alles, was Cécile sagt, ist ja wahr. Dein Fehler ist, dass Du zu schnell aufgibst. Ja, ich weiß: Kritik tut weh. Vor allem berechtigte Kritik. Wir sind da alle empfindlich. Männer sind ganz besonders empfindlich, wenn sie von einer Frau kritisiert werden. Das ist auch bei uns so.

Aber afrikanische Männer sind in diesem Punkt überempfindlich.

Das kommt daher, dass die Frau nie als ebenbürtig betrachtet wurde. Von Untergebenen nimmt man keine Kritik an. Hier ist der Grund, weshalb viele Ehen so leer sind und so monoton.

Ehe wir heirateten, habe ich Ingrid einmal aufgeschrieben, was ich von meiner zukünftigen Frau erwarte. Aus der langen Liste greife ich einige Sätze heraus. Der erste Satz hieß so:

„Sie muss mich zum Höchsten herausfordern durch restlos ehrliche Kritik an mir."

Ein unafrikanischer Satz, nicht wahr? Oder? Dann ging es weiter:

„Sie darf auch bei Enttäuschungen mir ihr Vertrauen nicht entziehen. ... Sie muss mir unermüdlich helfen, meine schwachen Seiten zu überwinden."

„Sie darf mir nichts vormachen, sondern muss mir sofort ehrlich sagen, wenn ich ihr wehgetan habe."

Verstehst Du? Was ich wollte, war eben nicht ein Dienstmädchen, sondern einen ebenbürtigen Partner, der an meiner Seite vor Gott steht. Nur mit einem Partner kann man wirklich in ganzer Tiefe „ein Fleisch" werden, ein neues lebendiges Wesen. Partnerschaft aber schließt gegenseitige Kritik ein.

Ja, und nun Epheser 5: Wenn wir einige Verse aus der Bibel herauspicken, um zu beweisen, dass wir recht haben dann Vorsicht! Bibelworte wollen kein Stempel sein, der uns vor aller Welt bescheinigt: Seht einmal, sogar Gott ist meiner Meinung!

Gottes Wort will ein „Hammer sein, der Felsen zuschmeißt", der wie ein Meißel wegschlägt, was stört, sich in uns eingräbt, uns weh tut, formt, ändert. Gottes Wort fordert uns heraus.

Du hast die Verse 22-24 zitiert, weil sie Wasser auf Deine Mühle sind. Vielen Dank für das Abschreiben! Aber ich habe trotzdem meine Bibel aufgeschlagen und auch die Verse 21 und 25 mitgelesen.

Vers 21 betont, dass das Untertansein auf Gegenseitigkeit beruht, und lautet so: „Seid untereinander untertan in der Furcht Gottes!" Dann kommen die Verse, die Du zitierst, die sagen, was das von der Frau her heißt. Vers 25 aber zeigt, was das für den Mann heißt. Diesen Vers hast Du weggelassen.

Er lautet so: „Ihr Männer, liebt eure Weiber, gleichwie Christus auch geliebt hat die Gemeinde und hat sich selbst für sie gegeben." Das ist ein ungeheurer Satz. Ein Menschenleben reicht nicht aus, um ihn in seiner ganzen Tiefe zu ermessen.

Wie hat Christus seine Gemeinde geliebt? Er hat ihr gedient. Er hat für sie gearbeitet, ihr geholfen. Er hat sie geheilt, getröstet, ihr sogar – das war damals ein Sklavendienst – die Füße gewaschen. Sie war ihm alles, und er gab ihr alles, auch sein Leben.

Merkst Du, wie das Wort Gottes zum Meißel wird, der uns weh tut? Es ist schärfer als jedes zweischneidige Schwert. Christus war eben gerade nicht das, was wir Männer gern sein möchten, ein Pascha, der sich bedienen lässt. Er war der Sklave seiner Gemeinde. Ich benutze dieses Wort, weil es Deinem afrikanischen Ohr weh tut. Nur als Sklave seiner Gemeinde war er ihr Haupt. So bist auch Du nur in dem Maße Haupt Deiner Frau, wie Du ihr Sklave bist.

Dabei war die Gemeinde ihm gar nicht immer gehorsam. Sie hat ihn im Stich gelassen und tut das immer wieder bis auf den heutigen Tag. Du übst ja selber allerhand Kritik an der Kirche. Ich auch. Da ist so viel Unschönes, wenn Du an die vielen Spannungen denkst, an die endlosen Streitereien. Aber diese Gemeinde hat er geliebt. Für sie ist er gestorben. Durch seine Liebe hat er sie erst liebenswert gemacht.

Wenn sie ihm gehorcht, dann tut sie das nicht, weil sie muss, sondern weil sie will, weil sie ohne ihn nicht leben kann, so wie ein Körper nicht leben kann ohne Kopf.

Spürst Du nicht, dass Cécile im Grunde nur eins will: Dir gehören zu dürfen wie ein Körper seinem Haupt? Mit ihrer Kritik will sie ja nur eines erreichen: Dass Du ein Haupt wirst, dem sie gern gehorcht.

Darum bitte ich Dich, um sie zu kämpfen, wie Christus um seine Gemeinde gekämpft hat. Dein Kampf um sie ist Dein Dienst an ihr.

Der wahre Mut ist hier: nicht fortzulaufen, sondern standzuhalten.

Du solltest sobald wie möglich nach Y. fahren und mit Cécile sprechen!

E..., den 14. August

François an Walter T.

Ja, das ist nun wieder so ein Brief! Wenn ich Sie nicht kennen würde, hätte ich ihn zerrissen. Was soll ich dazu sagen! Welch eine schöne Predigt!

Leider stehen Sie immer mit einem Fuß im Himmel und nicht auf der Erde. Sie zeigen mir keine praktischen Lösungen.

Der einzige praktische Vorschlag, den Sie haben, ist in der letzten Zeile. Aber er ist nicht ausführbar. Wie stellen Sie sich das vor, Cécile zu treffen? Wenn ich sie an der Schule abhole, sind wir sofort in aller Munde. Sie wohnt bei ihrem Onkel. Dort darf ich mich nicht sehen lassen. Einen Park mit Bänken gibt es nicht in der ganzen, Stadt. Ein Auto habe ich nicht. Hätte ich ein Auto, so hätte ich auch Geld und könnte heiraten.

Vom Geld aber sagen Sie kein Wort. Nur von Liebe reden Sie. Aber Geld und Liebe sind in Kamerun gekoppelt. Nur wer Geld hat, kann heiraten.

Ich brauche also Geld. Zu Geld komme ich nur, wenn ich arbeite. Ich war Lehrer an einer kirchlichen Schule. Die Kirche hat mich entlassen.

Übrigens: Wenn Christus das Haupt der Kirche ist und die Kirche sein Leib, wenn beide also eins sind – wie ist es dann möglich, dass Christus mir vergibt und die Kirche nicht?

Dann weiter: Ich bin ganz auf mich selbst gestellt. Andere junge Männer haben einen Vater oder eine Familie, die sie unterstützen. Bei mir ist die Lage so:

Mein Großvater hatte drei Söhne: Tonye, Moise und Otto. Tonye war der älteste. Er war kein Christ, denn er hatte zwei Frauen. Moise, der mittlere, war Katechet und hatte nur eine Frau. Sie gab ihm vier Kinder, darunter zwei Söhne. Otto, der jüngste, hatte nur eine Frau, Marthe, die ihm einen Sohn gab, Jacques.

Nun starb Otto, und Marthe wurde Witwe. Das ist ein furchtbares Schicksal in Afrika. Das hängt auch wieder mit dem Brautpreis zusammen, von dem Cécile sagt, dass er ihr „Wert" verleiht. Sie hat keine Ahnung …

Wenn eine Frau stirbt, dann ist das nicht so schlimm für einen Mann. Dann hat er seinen Besitz verloren. Ein Besitz lässt sich zur Not ersetzen. Eine Witwe aber ist ein Besitz, der seinen Eigentümer verloren hat. Sie ist hilflos.

Marthe war also Witwe mit ihrem Kind Jacques.

Normalerweise hätte nun Moise als der nächstältere Bruder von Otto Marthe heiraten müssen. Aber das ging nicht. Er war Christ. Sogar Katechet. Er durfte nur eine Frau haben. So will es das Gesetz der Kirche. Es ist hart. Das Gesetz unseres Brauchtums wäre barmherziger gewesen. Aber er war ja Katechet. Er durfte nicht barmherzig sein. Moise nahm den zehnjährigen Jacques auf und ließ ihn zur Schule gehen. Das war alles, was er tun konnte.

Marthe aber wurde an Tonye weitergeschoben. Sie wurde seine dritte Frau. Er hasste sie von Anfang an und mit ihr das Christentum. Er vernachlässigte sie, misshandelte sie und quälte sie. Sie bekam keine Kleider und Schuhe, keine Hütte zum Kochen, nicht einmal ein Stück Seife. Dennoch hatte er mit ihr ein Kind.

Dieses Kind bin ich. Tonye hatte schon einen Sohn von seiner zweiten Frau, die seine Lieblingsfrau ist. Mich hat er nie als seinen Sohn anerkannt.

Nur meine Mutter sorgte für mich. Ich war ein schmutziges, verwahrlostes Kind. Da sie keine Seife hatte, bekam ich eine Hautkrankheit. Sie konnte mich kaum kleiden, und ich schämte mich, zur Schule zu gehen. Ich lief davon und irrte umher, bis Sie mich auflasen. Von da an kennen Sie meine Geschichte.

Verstehen Sie, warum ich von meiner Familie keine Hilfe erwarten kann? Für meinen Vater existiere ich nicht, erst recht nicht, weil ich Christ bin. Mein Onkel Moise hat schon meinen Halbbruder Jacques aufgenommen und hat selber vier Kinder. Ich habe nur meine Mutter. Sie hat gerade genug, um von ihrem Garten zu leben.

Auch auf Erbschaft kann ich nicht hoffen. Selbst wenn der Lieblingssohn meines Vaters stürbe, käme immer noch Jacques vor mir und die zwei Söhne von Moise.

Und nun sagen Sie, ich solle zu Cécile fahren! Mit leeren Händen? Nein!

B..., den 20. August

Walter T. an François

Ich danke Dir, dass Du mir Deine ganze Geschichte geschrieben hast. Ein Jahrzehnt kennen wir uns nun schon. So lange hat es gedauert, ehe wir soweit waren. Warum?

Dein Brief hat mir gezeigt, was für armselige Botschafter Gottes wir Missionare doch sind. Als Du zu mir kamst vor zehn Jahren, sagtest Du, Dein Vater kümmere sich weder um Dich noch um Deine Mutter. Es war wahr. Aber ich ahnte nicht, was dahinter stand an Leid und Qual. Ich nahm Dich auf der Station auf und fragte nicht weiter.

Wir machen immer wieder diesen Fehler: Wir fragen nicht weiter. Wir wollen nicht zu viel wissen. Wir haben Angst, die Last könnte uns erdrücken. Wir fürchten die Verantwortung und wollen deshalb auf die Frage nach unserem Bruder nicht antworten.

Wir Missionare meinen immer, wir hätten genug getan, wenn wir bis nach Afrika reisen. Wir begegnen Euch zwar täglich in Gottesdienst und Schule und doch: Wir bleiben Euch fern.

Wir sind zu träge, uns wirklich in Eure Lage zu versetzen, wirklich mit Euren Augen zu sehen. Stattdessen machen wir die Augen zu und speisen Euch mit starren Regeln ab.

Es ist, wie wenn einer eine Pistole abdrückt und dabei die Augen schließt. Er weiß nicht, wen er trifft. Vielleicht trifft er eine Mutter mit ihrem Kind. Er will es nicht wissen.

Wie muss sich Christus seiner Missionare schämen! Als ich Deinen Brief las, habe ich mich vor Christus und vor mir geschämt. Für die ganze Mission habe ich mich geschämt.

Wir sind so lieblos und so denkfaul. Da kommt einer und wird Katechet, weil er nur eine Frau hat. Sein Bruder aber, der barmherzige Samariter, mag zur Hölle fahren, weil er zwei Frauen hat.

Es gibt eben keine Lösungen, die für alle gelten. Wir können nicht sagen: Das ist für alle richtig, und das ist für alle falsch. Liebe ist nicht faul. Wir müssen uns die Mühe machen – die schwere Arbeit der Liebe –, in jedem Falle neu nach Gottes Willen zu suchen.

Ich bitte Dich um Verzeihung, dass ich mich um diese Arbeit drücken wollte – und nicht weiter fragte.

Dennoch sind mir zwei Dinge durch Deinen Brief ganz klar und wichtig geworden:

Einmal: Die Vielehe ist nicht die Lösung, Du weißt das wohl besser als ich; denn Du hast es am eigenen Leibe erfahren.

Du hast mich einmal gefragt, ob ein Mann mehrere Frauen gleichzeitig lieben könne. Da siehst Du nun, dass es nicht geht: Entweder gibt es gar keine persönliche Beziehung zwischen ihm und seinen Frauen oder es gibt eine Lieblingsfrau. Auf jeden Fall entstehen Not und Leere, Eifersucht und Hass. Auch die Bibel bezeugt das deutlich, wenn sie polygame Verhältnisse beschreibt.

Stell Dir vor, der Lieblingssohn Deines Vaters stürbe! Was für ein Erbstreit würde entstehen! Wer wollte das Knäuel von Recht und Unrecht entwirren! Was gäbe es für einen Kampf – sicher mit magischen Mitteln – zwischen den Brüdern, Halbbrüdern, Stiefbrüdern und Vettern! Wir wollen es nicht wünschen. –

Das andere, was mir wichtig geworden ist durch Deinen Brief, ist folgendes: Wie hat Gott trotz aller Verwirrungen in Deiner Familie, trotz aller Schuld der Mission seinen Plan verfolgt in Deinem Leben! Trotz allem und allem zum Trotz hat er Dich herausgerufen in sein Reich.

Immer war Gott da. Im Leiden Deiner Mutter und der Lieblosigkeit Deines Vaters war Gott da.

Er hat uns zusammengeführt. Er hat Dir Glauben geschenkt. Er hat Dich an der Hand genommen und Dich geführt, trotz Deines Ungehorsams, trotz meines Versagens bis hin zu Cécile. Welch eine Arbeit Gottes! Er war nicht träge. Wenn wir alle versagt haben: Er hat nicht versagt.

Du sagst, mein Brief sei nicht praktisch genug gewesen. Ich kann Dir eben nicht mehr zeigen, als Gott mir für Dich zeigt. Oft zeigt uns Gott keine Lösungen. Er zeigt uns nur Schritte.

Im 119. Psalm heißt es: „Dein Wort ist meines Fußes Leuchte und ein Licht auf meinem Wege"; Gott verspricht uns also keinen Scheinwerfer, der den ganzen Weg sichtbar werden lässt. Er verspricht uns nur eine Lampe, und zwar für den Fuß. Sie leuchtet nicht weit, nur ein kleines Stück. Jeder Weg beginnt mit einem ersten Schritt.

Dein erster Schritt ist, dass Du wieder Arbeit findest. Ich freue mich, dass Du selber daran denkst. Ich rate Dir, einen Besuch bei Pfarrer Amos zu machen und ihn zu bitten, dass er Dich wieder einstellt. Ich will ihm auch schreiben und ihn fragen, ob er selber mit Céciles Vater reden kann. Ist Dir das praktisch genug?

Und dann noch mal: Du musst unbedingt mit Cécile sprechen. Mache Dir keine Sorgen über das Treffen. Eine Frau denkt nicht nur mit dem Herzen, sondern auch mit dem Kopf. Auch in praktischen Dingen fällt Frauen oft eher etwas ein als uns Männern. Du kannst Dich schon auf Cécile verlassen. Liebe hat Phantasie.

B..., den 20. August

Walter T. an Cécile,

... François schreibt mir wieder. Es ist also gelungen, ihn aus seinem Versteck herauszutrommeln. Das haben Sie erreicht mit ihrem guten Brief.

Nun müssen Sie bereit sein. Es ist möglich, dass er Sie am Schulausgang erwartet, wenn die Schule wieder begonnen hat. Überlegen Sie jetzt schon, wo Ihr miteinander hingehen könnt, um in Ruhe zu reden ...

B..., den 29. August

Walter T. an Pfarrer Amos

Ich schreibe Ihnen heute in der Angelegenheit von François. Sie kennen seine Geschichte. Ich habe ihn getauft. Sie haben ihn konfirmiert. Er wurde dann Lehrer und hat, glaube ich, drei Jahre lang eine gute Arbeit getan.

Er ließ sich dann mit einem Mädchen ein. Der Fall wurde unter den Schülern bekannt und Ihnen angezeigt. Ich persönlich habe den Eindruck, dass es eine geplante Falle war. Er wurde daraufhin entlassen und für ein halbes Jahr vom Abendmahl ausgeschlossen.

Ich hatte dann einen ausführlichen Briefwechsel mit ihm. Die Durchschläge einiger meiner Briefe lege ich Ihnen bei, damit Sie sich ein Bild davon machen können. Es kam schließlich zu einem ersten, seelsorgerlichen Gespräch, zu einer Beichte mit letzter Offenheit. Mehr kann ich nicht sa-

Ich liebte ein Mädchen / 71

gen, denn das Beichtgeheimnis ist absolut. Ich kann nur bezeugen als sein Seelsorger, dass es ihm ernst war mit seiner Reue, dass er die Vergebung Christi annahm, dass er einen Neuanfang gewagt hat.

Bei diesem Neuanfang müssen wir ihm zur Seite stehen. Sie wissen, dass die Anfechtungen des Glaubens nach einer solchen Wendung um 180 Grad besonders groß sind, gerade dann, wenn sie echt war. Der Teufel greift diejenigen, die sich tief im Herzen entschieden haben, besonders hart an. Darum müssen wir François Bruderschaft zeigen bei den ersten Schritten im neuen Leben.

Zunächst möchte ich Sie bitten, ihn sofort wieder zum Abendmahl zuzulassen. Soviel ich sehen kann, ist der Ausschluss vom Sakrament im Neuen Testament nur dort geboten, wo einer trotz mehrfacher Warnung in öffentlich bekannter Sünde verharrt. Ich kann keinen einzigen Fall finden, wo einer, der seine Sünde bereut und bekennt, unter Kirchenzucht gestellt wird.

Im Gegenteil: Als sein Seelsorger würde ich François jetzt ermutigen, bei nächster Gelegenheit zu kommunizieren. Jetzt, nach seiner Niederlage, wird er das Abendmahl vielleicht zum ersten Mal in seiner ganzen Tiefe verstehen und es als das erleben, was es sein will: die Gemeinschaft Jesu mit dem Sünder.

Wenn wir die bußfertigen Sünder vom Abendmahl ausschließen, wird genau das Gegenteil daraus: eine Prozession der Gerechten, die durch ihre Teilnahme bekunden, dass sie entweder nicht gesündigt haben oder nicht dabei erwischt wurden.

Als der verlorene Sohn (Lukas 15,11-32) nach seinem Hurenleben wieder nach Hause fand, da hieß ihn sein Vater eben gerade nicht sechs Monate lang im Hinterzimmer warten, um zu prüfen, ob seine Reue echt war, sondern er umarmte ihn, nahm ihn sofort wieder als Sohn auf und – als Zeichen der Vergebung – aß er mit ihm!

Das war ja gerade das Ärgernis für die Kirche damals, dass Jesus mit den Sündern aß. Es war für sie eine Gotteslästerung. Deshalb haben sie ihn gekreuzigt. Ich frage mich: Ärgern wir uns nicht auch? Kreuzigen wir Jesus nicht aufs neue, wenn wir den Sündern die Tischgemeinschaft mit ihm verweigern?

Für François ist das jetzt ein wirkliches Problem. Er schreibt mir: Christus hat mir vergeben, die Kirche nicht. Sind das zwei verschiedene Dinge: Christus und die Kirche?

Deshalb möchte ich Sie gleichzeitig fragen, ob es nicht eine Möglichkeit gibt, François wieder in seinen Beruf einzustellen. Dies wäre ein sichtbares Zeichen, dass in der Kirche nicht das Gesetz regiert, sondern das Evangelium, nicht die Strafe, sondern die Vergebung.

Ich habe für diese Bitte einen bestimmten Grund: Er hat ein Mädchen kennengelernt. Ich habe den Eindruck, dass die beiden sich wirklich lieben und füreinander bestimmt sind. Nun entsteht die Frage des Brautpreises. Sie stellt sich für François besonders hart, da er keine Familie hat, die ihn unterstützt. Sie kennen die Verhältnisse. Der Vater des Mädchens verlangt jedoch gleich sechzehnhundert Mark, die, wie François meint, nur eine erste Anzahlung sind.

Könnten Sie nicht bei dieser Familie einmal einen Besuch machen? Als Afrikaner kommen Sie da sicher viel weiter als ich und können alles viel besser beurteilen.

Auf jeden Fall bitte ich Sie herzlich um Ihre Meinung und Ihren Rat.

E..., den 16. September

François an Walter T.

Wir haben uns gesehen.
Es ist wie nach jener ersten Begegnung mit Cécile. Alles ist verwandelt.
Wochenlang hatte ich nun schon bei meiner Mutter gewohnt, in dem kleinen fernen Dorf. Stundenlang hatte ich täglich in der halbdunklen Hütte gesessen. Die Gedanken gingen immer im Kreise, immer an den Wänden entlang. Ich starrte die Bilder aus den Illustrierten an, mit denen ich die Wände beklebt hatte, als könnten sie mit mir reden, mir einen Rat geben. Aber sie schwiegen beharrlich. Schließlich konnte ich sie nicht mehr sehen. Im hatte mich in meinem eigenen Gefängnis gefangen.

Und nun sind die Wände auseinandergebrochen. Überall ist Freiheit. Überall sind Wege. Dabei hat sich äußerlich gar nichts geändert. Ich bin so arm wie vorher. Nur eins ist geschehen: Wir haben uns wiedergesehen.

Ein Freund hat mich im Auto mitgenommen. Er musste am selben Abend wieder zurück sein. So blieben mir nur zwei bis drei Stunden. Ich wartete am Schulausgang. Schüler und Schülerinnen strömten heraus. Cécile war nicht darunter. Es waren fürchterliche Minuten.

Endlich kam sie, als letzte. Sie muss mich gesehen haben und hat gewartet, bis alle anderen weg waren. Sie sah mich nicht an und hielt mir die Hand hin. Ich berührte mit ausgestrecktem Arm ihre Fingerspitzen, so gleichgültig wie möglich, ohne Wärme, als würden wir uns jeden Tag begrüßen.

Dann sagte sie, als habe sie mich erwartet: „Es gibt zwei Möglichkeiten: Wir können in den ‚Roten Esel' gehen oder in die katholische Kirche. Sie ist immer offen."

Ich wählte die katholische Kirche, da ich kein Geld hatte für ein Restaurant. Es war eine halbe Stunde Weg. Ich lief voraus, sie mit Abstand hinterher. Niemand konnte ahnen, dass wir zusammengehören.

Ich wäre nie auf den Gedanken gekommen, mit ihr in die katholische Kirche zu gehen. Sie war tatsächlich offen. Ich frage mich, warum die evangelischen Kirchen immer geschlossen sind.

Wir gingen also hinein und setzten uns auf eine der hinteren Bänke. Wir berührten uns nicht, schauten uns auch nicht an. Jeder sah vor sich hin.

Nun wollen Sie wissen, was wir geredet haben. Ich kann es Ihnen nicht sagen. Wir haben fast überhaupt nicht gesprochen. Es war alles ganz anders, als ich es mir vorgestellt hatte. Sie sagte: „Ich bin froh, dass du gekommen bist." Ich sagte: „Ich danke dir für deinen Brief."

Ich wollte eigentlich etwas ganz anderes sagen, wollte ihr Vorwürfe machen, mich verteidigen. Aber es war alles wie weggeblasen in ihrer Gegenwart.

Wir schwiegen einfach. Ich weiß nicht, wie lange. Die Zeit verflog. Aber verstehen Sie: Wir schwiegen nicht aus Trotz. Wir schwiegen miteinander. Fast möchte ich sagen: Wir schwiegen uns zusammen.

Wie leicht und oft habe ich früher zu einem Mädchen gesagt: „Ich liebe dich", und ich wollte sie nur besitzen und mich amüsieren. Jetzt hätte ich es zum ersten Male sagen dürfen und konnte es nicht. Es war, als sei das Wort zu klein, zu abgegriffen für das, was das Herz meint.

Wir sprachen nicht, und doch sprachen wir. Ohne Worte wussten wir beide: wir lieben uns. Diese Gewissheit bohrte sich immer tiefer in uns hinein wie ein süßer Schmerz, wie eine überwältigende Freude.

Es war die schönste Stunde meines Lebens. Niemand soll je das Wort „Liebe" in den Mund nehmen, der nicht eine solche Stunde erlebt hat. Es war, als hätten wir uns schon immer gekannt, hätten wir schon immer zusammengehört. Wir kamen uns vor wie ein und derselbe Mensch: sie ein Teil von mir, ich ein Teil von ihr.

Plötzlich wusste ich: Uns kann nichts mehr trennen, kein Gesetz und kein Brauch, kein Vater und kein Geld, kein Staat und keine Kirche.

Da fiel mir ein, dass wir in einer Kirche waren. Ich dachte: Jetzt stehen wir beide vor Gott und versprechen uns einander fürs Leben. Ich ergriff ihre Hand, und unsere Hände lagen lange ganz fest und ruhig ineinander.

Nun frage ich Sie: Was fehlt nun noch? Ist das nicht alles? Sind wir nun nicht verheiratet? Wann beginnt die Ehe? Beginnt sie wirklich erst auf dem Standesamt und in der Kirche? Beginnt sie nicht mit der Verlobung, wenn einer dem andern verspricht: Ich will dir gehören fürs Leben? Wir haben uns das versprochen vor Gott. Hat unsere Ehe nicht begonnen?

Ich kann mich nicht mehr genau an den Abschied erinnern. Ich war wie ein Träumender. Sie bat mich noch, bald wiederzukommen, und ich sagte, dass ich Arbeit suche. Dann verließen wir nacheinander die Kirche und gingen in verschiedener Richtung davon.

Y..., den 16. September

Cécile an François

... Ich konnte die ganze Nacht nicht schlafen und habe geweint. Ich mache mir Vorwürfe, dass ich nicht mit Dir gesprochen habe. Mein Herz war so voll. Ich wollte Dir so viel sagen, und ich konnte nicht. Nun denkst Du vielleicht, dass Du mir gleichgültig bist.

Bitte, verstehe, dass ich nicht reden konnte vor lauter Freude, dass Du gekommen warst. Ich habe niemand anderen als Dich.

E..., den 18. September

Francois an Cécile

... Weine nicht, Cécile, bitte, weine nicht. Ich habe Dich verstanden, ganz tief verstanden. Nein, Du darfst keine Angst haben. Niemals solltest Du Angst haben, wenn ich bei Dir bin.

Es ist alles meine Schuld. Ich hätte reden sollen, hätte Dich etwas fragen sollen. Aber auch ich konnte nicht. Es hat mich alles zu sehr überrascht: Wie Du mich begrüßtest, so selbstverständlich, wie Du alles vorbereitet hattest ... Dann hast Du neben mir gesessen, als seiest Du nur für mich da. Das hat mir mehr gesagt als alle Worte.

Du hast mich verzaubert ... Ich habe wieder Hoffnung. Ich habe heute meiner Mutter im Garten geholfen, anstatt die

Bambusstangen des Daches anzustarren. Sie schaute mich ganz verwundert an.

B..., den 19. September

Walter T. an François

... Also in der katholischen Kirche wart Ihr! Ich sagte Dir ja, dass sich Cécile etwas einfallen lassen würde. Wie schwer ist es doch in Afrika, wenn ein Junge einem Mädchen begegnen will! Da müsste sich die Kirche auch einmal etwas einfallen lassen.

Ich bin dankbar, dass Ihr diese Stunde erlebt habt, und kann mir gut vorstellen, welche Gedanken durch Eure Herzen gingen. Weißt Du, dass es Weiße gibt, die behaupten, dass Afrikaner nicht lieben können?

Deine Fragen sind schwer. Du hast eine Gabe, die Fragen wirklich zu stellen. Sie werden immer schwerer, und ich muss immer länger nachdenken, ehe ich antworten kann.

Wann beginnt die Ehe? Die Bibel sagt, dass sie ein Geheimnis ist. Ein Geheimnis kann man nicht erklären. Man kann nur immer tiefer eindringen in ein Geheimnis. Ans Ende kommt man nie. Zu dem Geheimnis gehört auch sein Beginn.

Du schreibst: „Wir kamen uns vor wie ein und derselbe Mensch." Wann beginnt der Mensch? Vor der Öffentlichkeit existiert er erst von seiner Geburt an. Aber das Leben ist doch schon vorher da. Wann beginnt das Leben? Die Biologie sagt: Das Leben beginnt im Augenblick der Empfängnis.

Doch kann es niemand auf den Augenblick genau feststellen, wann sie geschieht. Es bleibt verborgen.

Von diesem Augenblick an ist das Leben da, hat der neue Mensch begonnen. Und doch ist er noch nicht da. Er ist in einem Zwischenstadium, während ihn die Mutter erwartet. Man kann nur sagen: Der neue Mensch ist unterwegs.

Das ist ein Gleichnis für die Verlobung und Ehe. Ja: Euer gemeinsames Leben hat begonnen. War es wirklich erst in jener Stunde in der Kirche? War es nicht schon vorher da? Begann es bei jener ersten Begegnung im Autobus? Oder irgendwann in den Wochen des ersten glühenden Briefwechsels? Wer will es sagen? Es wird ein Geheimnis bleiben.

Von nun an ist der neue Mensch, dieses neue, lebendige Wesen, das Ihr gemeinsam werden wollt, unterwegs.

Aber dieses Unterwegssein braucht Zeit. Dieser neue Mensch muss langsam wachsen wie ein Kind im Mutterleib. Langsam miteinander wachsen — das ist der Sinn der Verlobungszeit. Alles, was Ihr erlebt, trägt zu diesem Wachstum bei, das Schöne und das Schwere, die Freude des Wiedersehens und der Schmerz der Trennung, das Reden und das Schweigen, das Schreiben eines Briefes und das Warten auf Antwort, Hoffnung und Enttäuschung, ja auch Hindernisse und Schwierigkeiten. Das alles lässt den neuen Menschen, der aus Euch werden will, wachsen und reifen.

Aber dieses Wachstum geschieht in der Verborgenheit. Kein Mensch weiß es, nur Ihr beide und Gott und die wenigen Menschen, denen Ihr Euch anvertraut.

So hat Eure Ehe begonnen, und sie ist doch noch nicht da. Sie ist wie der kleine Mensch im Mutterleib zwischen Befruchtung und Geburt. Ihr seid in dem Zwischenstadium. Eure Ehe ist unterwegs.

Der Hochzeitstag wird dann der Geburtstag Eurer Ehe sein. Dann kommt der neue Mensch zur Welt. Dann kann ihn jeder sehen. Dann wird ein Fest gefeiert. Dann wird es allen bekannt.

Bei der Verlobung sagt ihr zueinander: Wir wollen uns prüfen, ob wir zusammengehören. Am Hochzeitstag sagt ihr vor aller Öffentlichkeit: Wir haben uns geprüft und unsere Prüfung ist positiv ausgefallen.

Natürlich entsteht die Ehe nicht durch den Trauschein — genauso wenig wie das Kind entsteht durch die Geburtsurkunde. Und doch darfst Du diese Dinge nicht unterschätzen. Die Ehe ist nicht nur eine Privatangelegenheit. Der öffentlich rechtliche Akt, die Bestätigung durch die tragende Gemeinschaft gehört mit dazu. Die Ehe ist erst voll da, wenn sie vor allen Leuten sichtbar ist. Erst dann ist sie geschützt durch Recht und Gesetz. Luther hat einmal gesagt: „Eine heimliche Ehe ist keine Ehe." Tatsächlich wurde die Hochzeit in allen Zeiten und in allen Völkern durch ein Fest begangen.

Du darfst mir glauben, dass ich sehnlich wünsche, diesen Geburtstag Eurer Ehe mit Euch zu erleben. Ich will gern alles tun, was ich kann, dass er bald kommt. Deshalb schrieb ich neulich auch an Pfarrer Amos. Aber ich habe noch keine Antwort erhalten.

O... , den 20. September

Pfarrer Amos an Walter T.

Ihr Brief hat mich in vieler Hinsicht sehr erstaunt. Die Mission hat doch die Kirchenzucht bei uns in Afrika eingeführt, obwohl sie in den europäischen und amerikanischen Kirchen nicht praktiziert wird. Solange die Missionare sie allein ausgeübt haben, hat sich keine Stimme dagegen erhoben. Nun, da wir afrikanischen Pfarrer sie ausüben, kritisieren Sie uns. Dabei tun wir doch nur, was Sie uns gelehrt haben.

Wäre François auch zu Ihnen gekommen und hätte seine Sünde bekannt, wenn er nicht angezeigt worden wäre? Hätte er das getan, und wäre die Sache nur ihm und dem Mädchen bekannt gewesen, dann würde ich Ihnen vielleicht Recht geben.

Aber er „bereute" ja erst, als er erwischt war. Deshalb müssen wir prüfen, ob seine Reue aufrichtig ist. Die sechs Monate Ausschluss vom Abendmahl sind also die Prüfungszeit, kein Zeichen, dass ihm nicht vergeben ist.

Außerdem sind sie eine Warnung an alle anderen in der Gemeinde. Sie erhalten dadurch Kraft, der Versuchung zu widerstehen. Wenn ich François nicht unter Kirchenzucht gestellt hätte, würde ich vielleicht andere in Versuchung führen.

Das darf ich nicht. Ich bin verantwortlich, die Kirche rein zu erhalten. Denn es heißt ja: „Welcher nun unwürdig von diesem Brot isst oder von dem Kelch des Herrn trinkt, der ist schuldig an dem Leib und Blut des Herrn" (1. Korinther 11,27). Die Sünde bedroht ja nicht nur das Leben des einzelnen, sondern das der ganzen Gemeinde.

Deshalb ist die Kirche verpflichtet, die Sünde vor der ganzen Gemeinde zu strafen. Gott straft auch die Sünde in der Bibel. David wurde bestraft, nachdem er den Ehebruch mit Urias Frau bekannt hatte: Sein Sohn starb (2. Samuel 12, 18). Ananias und Saphira fielen tot um wegen einer Lüge (Apostelgeschichte 5,1-11).

Ich kenne unsere afrikanischen jungen Männer besser als Sie. Es ist leicht für sie, etwas zu bekennen, wenn sie dadurch der Strafe entgehen. Ihr Weg ist sehr gefährlich. Wenn die Vergebung so billig zu haben ist, dass einer nur zu Ihnen zu kommen braucht und zu bereuen – und dann ist alles gut, dann kommt er in die Versuchung, weiter zu sündigen, anstatt die Sünde zu lassen und gegen sie zu kämpfen.

Dagegen führt die Strafe zur wirklichen Reue. Wenn wir François nicht bestraft hätten, dann hätte er wahrscheinlich seine Tat nie bereut.

Aus diesen Gründen kann ich ihn auch nicht sofort wieder in den Schuldienst einstellen. Der Fall ist allen Lehrern und Schülern bekannt. Wenn er nicht entlassen worden wäre, hätte das die Schulzucht unterhöhlt.

Ursprünglich war in der afrikanischen Gesellschaft der Ehebruch selten, da er hart bestraft wurde, mitunter mit dem Tode. Die Missionare haben ihn zur Hauptsünde, wenn nicht zur einzigen Sünde, erklärt.

Dadurch haben sie ihn attraktiv gemacht. Andererseits haben sie uns die Strafe verboten. Was sollen wir tun?

Gern will ich jedoch Ihre Bitte erfüllen und die Familie von Cécile besuchen, obwohl ich mir denken kann, mit welchen Argumenten sich der Vater verteidigen wird. Am liebsten würde ich François mitnehmen. Bitte, schreiben Sie ihm, dass er mich besuchen soll.

Y..., den 22. September

Cécile an François

Dein Brief hat mich sehr getröstet. Ich bin froh, dass Du mir nicht böse bist. Ich wollte Dir schon eher schreiben. Aber wir hatten so viele Schularbeiten.

Ich habe eine freudige Nachricht für Dich. Meine Freundin Berthe hat einen Onkel im Erziehungsministerium. Sie sagt, er wolle Dich als Lehrer an einer öffentlichen Schule in Y. anstellen.

Bittet nimm die Stelle an. Dann kannst Du Geld verdienen, und wir können uns jeden Tag sehen ...

E..., den 24. September

François an Walter T.

Ich danke Ihnen für Ihren Brief vom 10. September. Ich muss darüber noch lange nachdenken. Der Vergleich zwischen der Verlobungszeit und der Zeit der Schwangerschaft ist interessant. Nur: Wenn ein Kind empfangen ist, kann man sich das Datum der Geburt ungefähr ausrechnen. Ich kann das nicht. Das macht das Warten so schwer ...

Ihr Brief kam gleichzeitig mit einem von Cécile. Ich lege ihn bei.

Was sagen Sie dazu? Kann ich als Christ auch an einer öffentlichen Schule unterrichten?

Halten Sie es für gut, wenn wir beide in derselben Stadt sind? Ich sehne mich danach. Und doch weiß ich schon jetzt: Ich werde Céciles Briefe vermissen.

B..., den 27. September

Walter T. an François

... Natürlich kannst Du als Christ an einer öffentlichen Schule arbeiten.

Wenn die Kirche Dich wieder einstellen würde, dann solltest Du das annehmen. Aber Pfarrer Amos hat mir geschrieben, dass er das unter den gegebenen Umständen nicht für möglich hält. Wir müssen seine Gründe anerkennen. Auch er fällt seine Entscheidungen vor Gott.

Für Dich heißt das: Der Weg ist frei. Gott führt uns Schritt um Schritt, so wie er uns auch nur das tägliche Brot verheißt und nicht den ganzen Lebensunterhalt.

Mein Rat ist also: Nimm die Stellung an in Y. Vielleicht ist Dein Zeugnis sogar wirksamer, wenn Du unter Nichtchristen lebst. Sei wachsam, und halte die Augen offen!

Auch um Eurer künftigen Ehe willen ist es gut, wenn Ihr Euch öfter seht. Ich schrieb Dir schon, dass die Verlobungszeit eine Prüfungszeit sein soll. Euer gemeinsames Leben hat begonnen, aber es besteht zunächst in einer Prüfung. Nicht so, dass Du Cécile prüfst und sie Dich. Sondern Ihr prüft gemeinsam, ob Ihr eins werden könnt vor Gott.

Briefe sind dazu sehr hilfreich, weil man vieles schreibt, was man nicht sagen kann. Aber durch Briefe allein kann man sich nicht kennenlernen. Ihr müsst Euch begegnen in verschiedenen Situationen, in guter und in schlechter Laune. Ihr braucht das Gespräch, um Euch zu entdecken.

Das Schweigen ist ein Teil des Gespräches. Das habt Ihr erlebt. Ihr müsst prüfen, ob Ihr miteinander reden und aufeinander hören könnt. Eine stumme Ehe ist wie eine Pflanze ohne Saft und vertrocknet eines Tages.

Es ist nicht nötig, dass Ihr in allem einer Meinung seid. Aber Ihr müsst Euch so sehr lieben, dass Ihr die Meinung des anderen gelten lässt.

Eines wird freilich schwerer werden, wenn Ihr Euch nun täglich sehen könnt: die Grenze zu wahren und der Versuchung zu widerstehen.

Ich erinnere Dich an alles, was ich Dir Anfang des Jahres über das Mannwerden und die Beherrschung schrieb. Sie ist entscheidend für das Glück der Ehe. Sie kann aber in der Ehe nur gekonnt werden, wenn sie vor der Ehe erlernt und geübt wird.

Noch eins: Pfarrer Amos schrieb mir, dass er Céciles Vater besuchen will und Dich gern mitnehmen möchte. Bitte, fahr auf dem Weg nach Y. bei ihm vorbei, und mach einen Termin aus! Ich werde an dem Tag besonders an Euch denken.

B..., den 28. September

Walter T. an Pfarrer Amos

Ihr Brief, lieber Bruder Amos, ist sehr sachlich, fast kalt. Ich merke daran, dass Sie mein Brief vom 29. August sehr getroffen hat, und ahne, wie schwer es Ihnen fiel, mir überhaupt zu antworten.

Umso mehr danke ich Ihnen, dass Sie es getan haben, besonders, dass Sie es so offen und ehrlich getan haben.

Ja, wir Missionare haben Fehler gemacht. Wir müssen Buße tun für unser Werk. Ich habe ähnliches gerade an François geschrieben, in dessen Lebensgeschichte die Mission schuldhaft verflochten ist.

Das Wunder ist nur, dass Gott trotz unserer Fehler eine Kirche gebaut hat. Ihm sei allein die Ehre!

Ich will mich also nicht verteidigen. Doch es geht ja nicht um mich. Es geht um François und um viele andere, die in der gleichen Lage sind. Um ihretwillen müssen wir miteinander prüfen, was Gottes Wille ist. Verstehen Sie es, bitte, in diesem Sinne, wenn ich zu Ihrem Brief einige Fragen stelle.

Gibt es ein menschliches Mittel, um die Aufrichtigkeit der Reue zu prüfen? Ist es ein Beweis für echte Reue, wenn einer eine bestimmte Sünde für eine bestimmte Zeit lässt? Kann nicht Gott allein ins Herz schauen?

Sie zitieren 1. Korinther 11,28. Dort heißt es: „Ein jeder prüfe sich selbst." Ist das nicht das genaue Gegenteil von dem, was wir in den afrikanischen Kirchen praktizieren, wo Pfarrer und Älteste die Gemeindeglieder prüfen? Selbst wenn das geboten wäre – warum werden dann die Pfarrer und Missionare nie geprüft?

Wer ist überhaupt „würdig"? Bin ich es? Sind Sie es? Wenn nur die Würdigen zum Abendmahl gehen dürfen – wer darf es dann? Würdig sind doch gerade die, die um ihre Unwürdigkeit wissen.

Gerade das weiß François, tiefer und klarer denn je. Deshalb sucht und braucht er die Gemeinschaft mit Jesus.

Dürfen wir als Menschen zwischen ihm und seinem Herrn einen Keil treiben? Dürfen wir ihm das verweigern, was Christus ihm schenken will?

Ja, das gebe ich Ihnen zu: Gott straft. Aber in all den Beispielen, die Sie anführen, ist es doch immer Gott, der straft, nicht Menschen, nicht Kirche. Nathan, der Seelsorger Davids, strafte David nicht. Außerdem dürfen wir nicht vergessen, dass David lebte, ehe Christus am Kreuz starb. Für uns, die wir nach Christus leben, gilt das Versprechen von Jesaja 53,5: „Er ist um unsrer Missetat willen verwundet und um unsrer Sünden willen zerschlagen. Die Strafe liegt auf ihm, auf dass wir Frieden hätten, und durch seine Wunden sind wir geheilt." Christus hat die Strafe, die wir alle verdient haben, an unserer Stelle durchlitten. Deshalb gehen wir frei aus, wenn wir unsere Sünde bekennen und das glauben.

Ist das nicht die Botschaft, die Gott seiner Kirche anvertraut hat: dieses freie, kostenlose Gnadenangebot? Die Gnade, die Gott anbietet, ist gewiss nicht billig. Sie ist teuer. Sie hat Christus das Leben gekostet. Aber das ist das Unbegreifliche: Diese teure Gnade ist uns umsonst angeboten.

Sie sagen: Das ist gefährlich. Das kann missbraucht werden. Gewiss, da haben Sie völlig recht. Es wird tatsächlich oft missbraucht. Aber es ist ja Gott, der dieses gefährliche Angebot macht, nicht wir. Wenn Gott es also wagt, dürfen wir dann menschliche Schutzmauern darum bauen mit unseren Maßnahmen der Kirchenzucht?

Lieber Bruder Amos: Das stellt uns als Pfarrern eine ernste Frage: Steckt nicht hinter der Kirchenzucht ein Stück Kleinglaube? Trauen wir Gott nicht zu, dass er selber seine Kirche rein erhalten kann? Und meinen wir nicht, wir müssten da von uns aus noch etwas dazutun? Sind wir wirklich dafür verantwortlich, die Kirche rein zu erhalten? Ist es nicht vielmehr unsere Aufgabe, die Botschaft, das Evangelium, dieses bedingungslose Gnadenangebot Gottes, rein zu verkündigen? Wenn wir Gott darin gehorchen, dann wird er schon das Seine tun!

Dass er das tatsächlich tut, zeigt das Beispiel von Ananias und Saphira, das Sie erwähnen. Dieses Ehepaar bekannte nicht. Es log. Dann fiel es auf der Stelle tot um. So hart kann Gott sein. Aber wiederum: Nicht Petrus tat das. Gott selbst griff ein. Er tut das bis auf den heutigen Tag.

Glauben wir das? Trauen wir ihm das zu?

Und nun noch eine letzte Frage: Meinen Sie wirklich, dass es so einfach und billig ist, seine Sünden zu bekennen? oft sagen das diejenigen, die es nie getan haben. Für mich war es der schwerste Schritt, den ich je tat. Auch für François war es ein schwerer Kampf mit sich selbst. Das kann ich bezeugen. Ein Seelsorger spürt das.

Was Sie über die Schulzucht schreiben, das kann ich verstehen. Schließlich ist eine Schule ja keine Kirche. Sicher wäre es nicht gut, wenn François wieder an dieselbe Schule käme. Aber vielleicht findet sich eine andere Lösung.

Ich habe François bereits geschrieben, dass er Sie aufsuchen soll, und danke Ihnen aufrichtig für ihre Bereitschaft, mit ihm zu Céciles Vater zu gehen. Gott gebe Ihnen bei diesem Besuch viel Weisheit. Ich werde Sie mit meinen Gedanken begleiten.

Y..., den 17. Oktober

François an Walter T.

Nun bin ich schon zwei Wochen hier in Y. Nein, es sind schon fast drei Wochen. Wie die Zeit verfliegt! Auf der Herfahrt habe ich Pfarrer Amos besucht. Er war sehr freundlich zu mir. Ich war ganz überrascht. Morgen wollen wir zusammen zu Céciles Vater fahren. Auch mein Halbbruder Jacques wird mitkommen als Vertreter unserer Familie. So wird es ein ganz „offizieller" Besuch.

Doch bevor ich verreise, schnell noch ein paar Zeilen an Sie. Cécile hat es also tatsächlich erreicht, dass ich wieder Arbeit habe. Jeden Morgen um 8 Uhr, wenn ich zur Schule gehe, bin ich Cécile aufs Neue dankbar. Aber noch dankbarer bin ich ihr nachmittags um 17 Uhr, wenn wir uns treffen.

Cécile ist ein Genie. Sie hat immer neue Ideen. Sie hat zwei Fahrräder besorgt. Damit fahren wir jeden Tag nach Schulschluss ein Stück hinaus bis zum Einbruch der Dunkelheit. Dann muss sie zu Hause sein bei ihrem Onkel.

Ja – und nun „entdecken" wir uns, wie Sie sich ausdrückten. Jeder Tag ist voll neuer Entdeckungen. Was ist ein Mädchen doch für ein unbekanntes Land! Erst jetzt merke ich, wie blind ich früher war, als ich die Mädchen wie Zahnbürsten betrachtete, die man benutzt. Und ich wollte eins davon „benutzen", um zu wissen, wie die „Frau" ist – ach!

Jetzt will ich nur noch ein Mädchen kennenlernen und das heißt Cécile. Es ist, als seien die an dem nicht mehr da. In ihr begegnen mir alle Mädchen, alle Frauen ...

Ich lasse sie vor mir herfahren, damit ich sie sehen kann. Sie hat die Haare hochgesteckt, so dass der Hals frei ist. Sie hat einen langen, schlanken Hals. Neulich habe ich davon geträumt. Wenn es bergauf geht und sie sich anstrengen muss mit dem Treten, dann wiegt er sich im Rhythmus ihres Körpers. Diesem Zusammenspiel ihrer Glieder könnte ich stundenlang zusehen.

Dann steigen wir ab und sitzen im Gras. Es gibt kaum ein Thema, das wir nicht schon diskutiert hätten. Sie hat eine bestimmte Meinung über alles. Das habe ich früher auch nicht gewusst, dass Mädchen überhaupt eine Meinung haben.

Was sie sagt, ist mir übrigens gar nicht so wichtig wie, dass sie überhaupt etwas sagt und wie sie es sagt. Ich höre dann nur auf den Klang ihrer Stimme, beobachte ihre Hände, ihre Augen.

Dann möchte ich sie berühren. Sie schrieben mir einmal: „Spar Dir Deine Zärtlichkeiten für Deine Braut auf!" Cécile ist aber nun meine Braut. Wie weit darf ich gehen? Sie rieten mir, die Grenze zu wahren. Aber wo ist die Grenze?

Ach, ich schreibe es Ihnen gleich: Wir küssen uns. Soweit geht es immer. Nicht sofort. Erst sind wir uns immer ganz fremd. Jedes Mal müssen wir uns erst wiederfinden. Aber während wir reden, suchen sich unsere Hände. Ich spüre, dass sie darauf wartet, dass ich ihre Hand ergreife, ihren Arm. Sie lässt es sich gefallen, dass ich ihren Kopf an meine Schulter lehne, ganz still, fast duldend, ein wenig lächelnd. Dann kommt der Kuss.

Ist das zu weit gegangen? Dürfen wir das tun als Christen? Wenn uns unsere Kirchenältesten sehen würden!

Ich muss Ihnen noch mehr anvertrauen. Wenn wir uns küssen, erwacht in mir stets der Wunsch, sie ganz zu besitzen. Ich kann das nicht verhindern.

Hätte Cécile mir nicht einmal geschrieben: „Ich habe Dich noch mehr geliebt, als Du in jener Nacht nicht zu mir kamst" – ich weiß nicht, was schon geschehen wäre.

Als ich mich Christus hingab in jener Nacht bei Ihnen, da dachte ich, ich sei befreit. Sie sagten: „Christus ist nicht nichts. Er ist eine Kraft. Durch Seine Kraft kannst Du überwinden."

Erst schien es auch so. Aber nun sehe ich, dass es nicht stimmt. Der Trieb ist stärker als alles. Mein Glaube hilft mir nicht. Christus erhört mein Gebet nicht. Es geht ins Leere. Der Trieb ist stärker als Christus. Warum kann es Christus nicht machen, dass ich fertig werde mit dem Trieb ein für alle Mal?

Das Erlebnis der Liebe zerstört mir den Glauben. Oder muss der, der glaubt, vor der Liebe fliehen? Ich habe Angst. Angst vor mir selber. Angst vor dem Tier, das in mir schläft. Verstehen Sie – dieser Brief ist ein Hilfeschrei: Morgen verreise ich. Wenn ich zurückkomme, nach zwei bis drei Tagen, muss ein Brief von Ihnen da sein. Sonst könnte ein Unglück geschehen.

B..., den 18. Oktober

Walter T. an François

... Es geht schon auf Mitternacht. Aber ich will Deinen Brief sofort beantworten.

Du schreibst, Christus habe Dein Gebet nicht erhört. Ich frage Dich, worum Du gebetet hast. Dass er Dich von Deiner Geschlechtlichkeit erlöst? Was willst Du denn? Ungeschlechtlich werden, keinen Trieb mehr verspüren?

Das gibt es nicht. Was einer tut, das tut er immer als Mann oder Frau. Deine Geschlechtlichkeit ist in Deinem Wachen und Schlafen. Wenn Du arbeitest und wenn Du spielst, ist sie mitbestimmend dabei. In Deinen heiligsten Gefühlen und reinsten Gebeten ist sie da.

Wenn Du an Christus glaubst, dann weißt Du, dass Dein Leib ein Tempel des Heiligen Geistes geworden ist. Wenn Du um die Verstümmelung des Tempels bittest, wird Dich Christus nicht erhören.

Christus will Dich fähig machen, mit Deiner Geschlechtlichkeit zu leben.

Muss der, der glaubt, vor der Liebe fliehen? So fragst Du. Ich weiß, dass es viele Christen gibt, die sich zurückziehen und in sich gekehrt leben. Sie weichen dem anderen Geschlecht aus und meinen, dass sie deshalb ganz besonders reife und erlöste Christen sind.

Sie irren sich. Wer glaubt, flieht nicht.

Christus wich nicht aus. Er kam in diese Welt. Er war ein junger Mann. Er kam mit Frauenhänden und Frauenküssen und Frauentränen in Berührung.

Zu einer Kranken kam er ans Lager. Ein Mädchen nahm er bei der Hand. Eine Frau berührte sein Kleid. Zwei Frauen, die er liebte, werden mit Namen genannt: Maria und Martha. Er war und sprach auch mit Frauen allein, einmal am Brunnen und einmal in den Sand schreibend.

Die „Sünderin", die seine Füße küsste, war eine attraktive Frau. Sie erregte den Anstoß der Mitzeugen. Er verteidigte sie. Frei und selbstverständlich bewegte er sich unter den Menschen.

Er ist der Eine, der überwunden hat, weil er das Menschenleben lebte. Überwinden heißt: auf dem Wege zur Herrschaft sein. Dazu will er Dich anleiten, nicht zur Flucht.

Du kannst Deiner Geschlechtlichkeit nicht entfliehen, denn Du bist sie selber. Sie gehört Dir zu.

Lass Dir eine Geschichte erzählen!

Es war einmal ein Tiger. Man hatte ihn gefangen und in einen Käfig gesperrt. Ein Wärter bekam die Aufgabe, ihn zu füttern und zu bewachen.

Der Wärter wollte sich den Tiger zum Freunde machen und redete ihm gut zu, wenn er an den Käfig kam. Aber der Tiger betrachtete ihn feindlich mit seinen grünglühenden Augen. Sprungbereit folgte er jeder Bewegung des Wärters.

Da bekam der Wärter Angst vor dem Tiger und bat Gott, dass er den Tiger zähmen möge.

Eines Abends – der Wärter war schon schlafen gegangen – verlief sich ein kleines Mädchen in die Nähe des Käfigs und kam den Eisenstäben zu nahe. Der Tiger erreichte es mit seiner Pranke. – Ein Schlag. – Ein Schrei. – Als der Wärter erschien, fand er zerrissenes Menschenfleisch und Blut.

Da wusste der Wärter, dass Gott den Tiger nicht gezähmt hatte. Seine Angst wuchs. Er trieb den Tiger in ein dunkles Loch, wo kein Mensch hinkam.

Aber nun brüllte der Tiger Tag und Nacht. Das Gebrüll ließ den Wärter nicht mehr schlafen. Es erinnerte ihn an seine Schuld. Immer sah er im Traum das zerrissene Mädchen. Da schrie er auf vor Qual. Er bat Gott, er möge den Tiger sterben lassen.

Nun antwortete Gott. Aber die Antwort war anders, als der Wärter erwartet hatte. Gott sagte: „Lass den Tiger in Dein Haus, in Deine Wohnung, in Dein schönstes Zimmer!"

Der Wärter hatte keine Angst mehr vor dem Tode. Lieber wollte er sterben, als das Gebrüll hören. So gehorchte er. Er öffnete dem Tiger die Tür und betete: „Dein Wille geschehe!"

Der Tiger trat ein, stand still. Lange sahen sie sich in die Augen. Als der Tiger merkte, dass der Wärter ohne Furcht war und sein Atem ruhig ging, legte er sich ihm zu Füßen.

So begann es. Aber nachts brüllte der Tiger wieder, und der Wärter bekam Angst. Wieder musste er ihn hereinlassen, sich ihm stellen. Wieder musste er ihm ins Auge sehen. Immer wieder. Jeden Morgen.

Nie hatte er ihn für immer in der Gewalt, „ein für alle Mal". Immer wieder musste er ihn überwinden. Jeden Tag wiederholte sich die Mutprobe.

Nach Jahren wurden die beiden gute Freunde. Der Wärter konnte den Tiger berühren, ihm die Hand zwischen das Gebiss legen. Nur aus den Augen durfte er ihn nicht verlieren. Wenn sie sich ansahen, erkannten sie sich und wussten dankbar, dass sie zusammengehörten und einander nötig hatten zu einem volleren Leben. –

François, Du musst lernen, mit dem Tiger zu leben, mutig, Auge in Auge. Dazu will Dich Christus befreien.

Wenn Ihr an Ihn glaubt, dürft Ihr zärtlich zueinander sein. Es gibt Christen, die meinen, dass sie Gott besonders wohlgefällig sind, wenn sie darauf verzichten. Das ist Unfug. Nur wer wirklich glaubt, kann auch wirklich lieben.

Wie weit darf ich gehen? Wie weit? Soweit Du kannst. Leg dem Tiger die Hand ins Gebiss, wenn Du kannst.

Aber überschätze Dich nicht, und überspringe keine Stufen! Du musst lernen zu fühlen, für welche Berührung, für welche Zärtlichkeit der Augenblick reif ist.

Meine nur nicht, weil viele es so schnell und so leicht tun, dass Küssen keine Kunst sei! Lass den Tiger nie aus dem Auge! Er ist wachsam. Er verfolgt jede Bewegung, erkennt jede Schwäche. François, ich schicke Dich auf einen gefährlichen Weg. Aber ich will nicht, dass Du ausweichst. Noch einmal: Wer glaubt, flieht nicht.

Ich werde diesen Brief morgen früh nein, heute früh, Mitternacht ist längst vorüber einem Bekannten mitgeben, der nach Y. fährt, damit er schnell in Deine Hände kommt.

O… , den 23. Oktober

Pfarrer Amos an Walter T.

Ich will Ihnen heute von unserem Besuch bei Céciles Vater berichten.

Zunächst aber danke ich Ihnen für Ihren Brief vom 19. September.

Es war für mich wohltuend, aus dem Munde eines Weißen zu hören, und sogar eines Missionars, dass Weiße nicht unfehlbar sind. Der Satz, dass Gott die Kirche auch trotz uns bauen kann, wenn wir versagen, hat mich sehr getröstet.

Was die Kirchenzucht anbelangt, läuft für mich alles auf die Frage hinaus: Gibt es Vergebung ohne Strafe? Selbst die Heiden glauben, dass Gott die Übertretungen seiner Gebote straft.

Dann kamen die Missionare und sagten: Gott straft nicht, sondern Gott vergibt. Das Ergebnis ist, dass sich überall dort, wo das Christentum vordringt, die Unzucht ausbreitet. Die Heiden fürchten Gott, die Christen nicht. Sie denken:

Gott straft ja nicht, Gott vergibt. Also riskiere ich nichts, wenn ich sündige.

Was können wir da tun? Ich wage es nicht, so zu handeln, wie Sie es vorschlagen. Vielleicht fehlt es mir an Glauben. Vielleicht habt Ihr Europäer mehr Glauben als wir. Leben Eure Gemeinden wirklich gehorsamer als unsere Gemeinden? Oder schließt Ihr nur die Augen, weil Ihr die Sünde nicht sehen wollt?

Wenn Sünde geschieht, wird für uns Afrikaner nicht nur der einzelne betroffen, sondern die ganze Gemeinschaft. Ich glaube, wir sind darin dem Denken der Bibel näher als Ihr. Auf diesen Punkt sind Sie nicht eingegangen.

Dies ist auch der entscheidende Punkt in dem Ehepalaver um Cécile. Für ihren Vater ist die Verheiratung seiner Tochter eben nicht nur eine Angelegenheit zwischen Cécile und François. Sie geht die ganze Familie an. Er bestimmt den Brautpreis nicht allein. Seine Brüder und vor allem die Brüder und der Vater von Céciles Mutter bestimmen mit.

Persönlich hat er nichts gegen François. Er hält ihn für einen anständigen und ehrlichen Jungen. Hier aber ist die Lage von Céciles Vater:

Seine erste Frau schenkte ihm kein Kind. Er muss aber einen Sohn haben. Er ist überzeugt, dass er es seinem Vater schuldig ist, das von ihm empfangene Leben weiterzugeben. Sonst wird sein Leben sinnlos.

Er nahm also eine zweite Frau. Sie gab ihm Cécile und dann kurz hintereinander drei Söhne.

Nun gehört er zwar nicht zu den Ärmsten. Er ist ein äußerst fleißiger Mann, der eine große Kakaoplantage hat. Trotzdem konnte er bisher den Brautpreis für Céciles Mutter nur zur Hälfte bezahlen. Die andere Hälfte muss aus dem Brautpreis für Cécile mit herausspringen.

Außerdem hat er drei Söhne, die er auf die höhere Schule schicken will. Das Schulgeld erhöht sich Jahr um Jahr. Auch diese drei Söhne will er eines Tages verheiraten. Er hat aber nur eine Tochter für diese drei Söhne.

Er ist also weder geldgierig noch faul, sondern sehr verantwortungsbewusst. Die mütterlichen Onkel von Cécile schauen ihm dabei auf die Finger.

Wir haben ganz ruhig geredet. Er meint, dass eine Frau ihrem Mann gehorsamer ist, wenn er etwas für sie bezahlt hat. Sonst läuft sie leicht weg, wenn eine Verstimmung eintritt, und sagt: „Ich gehöre dir nicht, denn du hast nichts für mich gegeben." Auch der Mann bliebe seiner Frau treuer, wenn sie ihn etwas gekostet hat.

Früher wurde der Brautpreis durch Vieh bezahlt. Das musste zurückgegeben werden, wenn die Ehe zerbrach. So diente er dazu, die Ehen zusammenzuhalten.

Erst die Europäer haben – so meint Céciles Vater – durch die Einführung des Geldes diesen Sinn zerstört. Dahinter steckt der Vorwurf gegen mich, dass ich mich habe europäisieren lassen. Das spricht er nicht offen aus, aber ich weiß es.

Für ihn ist der Brautpreis eben eine ehrbare afrikanische Sitte, durch die der Schwiegersohn dem Brautvater seine Dankbarkeit zeigt und gleichzeitig seine Fähigkeit beweist, eine Frau zu ernähren.

Eins kommt noch hinzu, was die Höhe der Geldforderung etwas erklärt. Ich nehme an, dass er daran denkt, sich eine dritte Frau zu nehmen. Das hat er zwar nicht gesagt, aber ich vermute es. Die schnell aufeinander folgenden Geburten der drei Söhne haben Céciles Mutter sehr geschwächt.

Durch die Vielehe ist es eben möglich, das zu vermeiden. Nun sagt die Kirche: Die Vielehe ist Sünde. Aber sie sagt nicht, wie es vermieden werden kann, dass eine Frau zu schnell hintereinander Kinder bekommt.

Wir fragen uns manchmal, wie die Missionare dieses Problem lösen. Aber sie schweigen beharrlich über dieses Thema.

Sehen Sie: so sieht die andere Seite aus. Was sollte ich sagen? Ich weiß selber auch nicht, wie ich meinen Söhnen höhere Schulbildung vermitteln soll, wenn ich meine Töchter ohne Brautpreis weggebe.

Was Liebe ist, das versteht Céciles Vater nicht. Wie soll ich es ihm erklären?

Sie sind sicher enttäuscht und haben gemeint, dass ich als Afrikaner hier mehr erreichen könne. Daran ist etwas Wahres. Sicher hat er mir mehr gesagt, als er Ihnen sagen würde. Aber es hat auch Nachteile.

Céciles Vater und ich – wir sind vom selben Stamm. Ganz weit weg sind wir also verwandt. Das hemmt. Ich bin zu nahe dran. In solch einem Falle könnten Sie als Europäer vielleicht mehr tun. Sie sind neutral. Sie kommen von außen. Es käme auf einen Versuch an ...

An François habe ich Freude gehabt. Er war bescheiden und hat sich zurückgehalten. Aber er wird wohl warten müssen, bis er mehr Geld hat. Eine andere Lösung sehe ich nicht.

B..., den 26. Oktober

Walter T. an Cécile

... François wird Ihnen erzählt haben, wie der Besuch bei Ihrem Vater ausgegangen ist. Mir hat Pfarrer Amos einen ausführlichen Bericht geschickt.

Cécile, bitte, verlieren Sie nicht den Mut! Gott ist bei uns, auch im Dunkel. Der wahre Glaube beginnt erst dann, wenn man nichts mehr sieht. Wenn uns alles andere verlässt, alle menschliche Hoffnung, alle Aussicht auf eine Lösung, dann bleibt uns nur noch eins übrig: uns fallen zu lassen in Gottes Arme. Nie ist Gott uns näher als in solchen Augenblicken. „Fürchte dich nicht, glaube nur!" befiehlt uns die Bibel. Wenn wir nur noch Gott haben, dann allein sind wir ganz bei Gott.

„Glaube nur!" – das will gelernt sein. Sie und François – Ihr müsst es jetzt gemeinsam lernen. Nichts kann Euch besser vorbereiten auf Eure künftige Ehe. Deshalb schickt Euch Gott jetzt in dieses Dunkel, nimmt Euch alle Stützen, an die Ihr Euch halten könnt, damit Ihr es lernt und miteinander übt, nur noch auf Gott zu vertrauen.

Wie könnt Ihr es lernen? Zunächst: Lasst Gott zu Euch reden und hört auf ihn! Wenn Ihr beieinander seid, dann schlagt Eure Bibel auf und lest gemeinsam einen Abschnitt! Sprecht dann darüber, was er Euch sagt! Lasst Euch von Gott selber trösten, raten und führen!

Dann faltet miteinander die Hände und breitet Eure Sorgen vor Gott aus. Er allein weiß den Weg. Er selber will Euch bei der Hand nehmen und leiten. Er hat Euch zusammengeführt. Er wird verhindern, dass Euch Menschen trennen. Glaubt das nur ganz fest!

Geniert Euch nicht voreinander! Es kostet sicher eine Oberwindung, miteinander laut zu beten. Jetzt ist Eure Gelegenheit, es zu lernen. Jetzt muss sich zeigen, ob Ihr über alles reden könnt, auch über Euren Glauben. Der gemeinsame Glaube ist das tragende Fundament für eine Ehe. Wenn Ihr Euer Haus auf diesen Felsen baut, kann kein Sturm es hinwegfegen.

Ich habe gestern mit Ingrid lange darüber gesprochen, was zu tun ist in Eurer Lage.

Zunächst schlagen wir vor, Pfarrer Amos einen Dankesbrief zu schreiben. Er ist ein guter Hirte. Es ist rührend, dass der alte Mann die lange, beschwerliche Reise unternommen hat. Wir haben große Achtung vor ihm.

Und dann haben wir noch eine Bitte an Sie, Cécile. Deshalb schreibe ich an Sie, obwohl der Brief für Euch beide ist.

Ihr Brief vom 19. Juli an François hat uns gezeigt, dass Gott Ihnen eine Gabe gegeben hat, gute Briefe zu schreiben. Nun fragen wir uns: könnten Sie nicht Ihrem Vater einen Brief schreiben? Das ist ungewöhnlich für ein afrikanisches Mädchen, wir wissen es. Gerade deshalb könnte es vielleicht wirksam sein.

Zweierlei erscheint uns hoffnungsvoll in dem Bericht von Pfarrer Amos. Einmal schreibt er: „Gegen François hat er persönlich nichts." Und dann: „Was Liebe ist, weiß er natürlich nicht."

Sie müssten versuchen, Cécile, Ihrem Vater das zu erklären, ihm ein Gefühl davon zu geben. Wir werfen den Vätern oft vor, dass sie nicht mit ihren Töchtern reden. Vielleicht ist es aber auch umgekehrt: die Töchter reden nicht mit ihren

Vätern, sagen ihnen nicht, was sie empfinden, erleiden und erhoffen.

Bitte, schreiben Sie den Brief! Schreiben Sie, dass Sie Ihren Vater lieben, ihn verstehen, dass Sie ihn nicht im Stich lassen wollen!

Machen Sie einige praktische Vorschläge!

Lassen Sie sich etwas einfallen! Natürlich muss François einverstanden sein mit solchen Vorschlägen. Dabei könnt Ihr gleich wieder etwas prüfen: ob Ihr gemeinsam finanziell planen könnt.

Es genügt nicht, in der Verlobungszeit zu prüfen, ob Ihr Euch versteht, ob Ihr zueinander zärtlich sein könnt, ob Ihr miteinander glauben und beten könnt. Ihr müsst auch wissen, ob Ihr die gleichen Einstellungen zum Geld habt, so dass Ihr miteinander über Ausgaben beraten könnt. Eine Frau soll wissen, wie viel ihr Mann verdient, und Ihr müsst Euch darüber einigen, wie Ihr Euer Geld ausgebt.

Wie Ihr Euch zum Geld einstellt, ist viel wichtiger, als wie viel Geld Ihr habt.

Und noch eins, Cécile, im Vertrauen: Anfang des Jahres, noch ehe er Sie kannte, habe ich einmal an François geschrieben: Du bist für das Mädchen verantwortlich vor Gott.

Jetzt schreibe ich Ihnen dasselbe: Sie als Mädchen bestimmen, wie weit François gehen darf. Kein junger Mann kann weiter gehen, als das Mädchen es erlaubt. Haben Sie da kein falsches Mitleid. Seien Sie eine Königin. Sie lieben einen jungen Mann. Machen Sie ihn zu einem Mann!

Y..., den 1. November

Cécile an Walter und Ingrid T.

Vielen Dank für Ihren Brief. Ich habe ihn François vorgelesen, und wir waren beide sehr bewegt, dass Sie sich so in unsere Lage versetzen, dass Sie genau so fühlen, wie wir fühlen, und dass Sie uns trösten wollen.

Wir haben nicht gewusst, dass Gott sich so um uns kümmert, dass der Glaube etwas mit der Verlobung zu tun hat. Ohne Glauben müssten wir jetzt verzagen. Aber gerade weil wir nicht wissen, wie es weitergehen soll, fühlen wir uns umso fester miteinander verbunden.

Wir haben zum ersten Mal versucht, miteinander in der Bibel zu lesen. Erst kam es uns merkwürdig vor. Aber dann war es heilsam. Es hilft uns, wenn wir nicht nur miteinander zärtlich sind, sondern noch etwas anderes gemeinsam tun. Nur beten können wir noch nicht. Ich schäme mich, vor François laut zu beten.

Ich habe auch versucht, an meinen Vater zu schreiben, aber es geht nicht. Ich kann Ihnen nicht sagen, wie schwer es mir fällt. Sie können das als Europäer sicher nicht verstehen. Es ist, als sei eine Wand da, die mich von meinem Vater trennt.

Unsere Väter lassen sich nicht gern von einem Mädchen etwas sagen. Sie fürchten, ihre Autorität zu verlieren. Sie meinen, wir respektieren sie nicht, und fühlen sich beleidigt.

Ich weiß, dass Ihr Vorschlag gut gemeint ist. Ich habe einen Brief begonnen und will versuchen weiterzuschreiben. Jede Zeile ist ein Kampf. Ich kann so schwer in Worte fassen, was ich empfinde.

Aber selbst wenn ich schreibe, weiß ich schon im Voraus: Ich werde nicht den Mut haben, diesen Brief an meinen Vater abzusenden.

Y..., den 7. November

François an Walter T.

Es war gut, dass Ihr Brief da war, als ich von der vergeblichen Reise zu Céciles Vater zurückkehrte.

Ich dachte: Was wird aus den vielen, die niemanden haben, an den sie einen Brief schreiben können, niemanden, der ihnen antwortet? ...

... Die Tigergeschichte ist nicht schlecht. Sie zeigt mir, dass weder die, die den Tiger laufen lassen, noch die, die den Tiger einsperren, auf dem richtigen Wege sind. Die Weltkinder sind genauso feige wie die Superfrommen. Wir dürfen dem Kampf nicht ausweichen. Der Tiger ist nicht schuld, wenn wir fallen. Es liegt an mir, ob der Tiger Feind oder Freund ist. Das alles habe ich verstanden.

Aber eine Frage bleibt mir doch noch offen: Was heißt es: „Dem Tiger die Hand zwischen die Zähne legen?" Heißt das nun, dass ich bis zum Letzten gehen darf, wenn ich beherrscht bin und ruhig und keine Stufen überspringe" — wie Sie sagen? Heißt das, dass wir uns leiblich vereinigen dürfen?

Ich habe Ihnen diese Frage schon einmal gestellt. Damals ging es um Mädchen, die mir gleichgültig waren, die ich nicht heiraten wollte und die ich kaum kannte. Erinnern Sie sich?

Ich sagte damals, ich wolle mich auf die Ehe vorbereiten. Und Sie antworteten: Im Gegenteil! Du lernst Dinge, die Deine Ehe später stören.

Ich sagte, ich müsse dann und wann ein Mädchen nehmen, um nicht krank zu werden. Sie antworteten wieder: Im Gegenteil, Du riskierst Deine Gesundheit.

Ich sagte, ich wolle zeigen, dass ich ein Mann bin. Sie antworteten zum dritten Mal: Im Gegenteil: Du bist ein Waschlappen. Sie haben mich damals überzeugt. Aber auf ein Argument sind Sie nicht eingegangen: auf die Liebe!

Wenn man sich nun aus Liebe vereinigt? Solange es sich um irgendein Straßenmädchen handelt, gebe ich Ihnen Recht. Aber mit seiner Verlobten? Mit dem Mädchen, das man liebt, mit dem man sich eins fühlt, mit dem man sich versprochen hat fürs ganze Leben? Warum soll man da mit den Zärtlichkeiten halt machen, wo man sich am allertiefsten sagen könnte, dass man zueinander gehört?

Sie sagten, dass man das intime Zusammensein nicht mit irgendwelchen Mädchen ausprobieren könne. Das gebe ich zu. Aber kann man es nicht mit seiner Verlobten versuchen? Wenn die Verlobungszeit eine Prüfungszeit sein soll, muss nicht auch das geprüft werden? Bezeichnen Sie das auch als „Ehebruch", wenn sich Verlobte einander ganz geben?

Ich habe einmal einen Pfarrer sagen hören: „Die Ehe ist ein Garten, in dem alles erlaubt ist. Außerhalb des Gartens ist alles verboten." Ja und dann soll ich am Hochzeitstag plötzlich ein perfekter Ehemann sein? Wie stellen Sie sich das vor?

Bitte, verstehen Sie mich richtig: Ich verlange nicht das Recht, mit irgendwelchen Straßenmädchen die Nächte zu verbringen. Ich spreche nur von Cécile, die ich heiraten will.

Brauchen wir wirklich erst einen Erlaubnisschein vom Standesamt oder von der Kirche für die geschlechtliche Vereinigung? Innerlich fühlen wir uns jetzt schon genauso Mann und Frau wie nach der Hochzeit.

Manchmal habe ich den Eindruck, dass Cécile im geheimen darauf wartet, dass sie mir ganz gehören darf. Ich habe einen Freund, der schon die Hälfte des Brautpreises bezahlt hatte. Aber er wollte nicht vor der Hochzeit mit dem Mädchen schlafen. Eines Tages gaben sie ihm den Brautpreis zurück. Die Familie des Mädchens fürchtete, er sei impotent. Ob nicht Cécile auch einen solchen Argwohn hat, wenn ich sie nicht nehme? Könnte sie nicht denken, ich liebe sie nicht?

Neulich hatte sie sich im Gras ausgestreckt. Lag da. Schaute in den Himmel. Ihr Kleid straffte sich um ihre Brüste und gab ihre Knie frei. Da konnte ich nicht mehr und nahm sie mit aller Kraft in meine Arme. Aber sie riss sich los und rannte davon zu dem Platz, wo unsere Räder standen. Wir sprachen auf dem Heimweg kein Wort mehr und erwähnten auch am nächsten Tag nichts davon.

Wie lange soll das noch so gehen? Wie lange werden wir das noch aushalten? Ja, wenn ein Ende sichtbar wäre! Aber für uns besteht in den nächsten vier, fünf oder zehn Jahren keine Hoffnung, dass uns jemand den Erlaubnisschein ausstellt.

Sollen wir fliehen? Wohin?

B..., den 11. November

Walter T. an François

„Ein Christ ist ein Mensch, der warten kann!" Diesen Satz sagte mir einmal ein Seelsorger, und ich gebe ihn Euch weiter. Ein Gebot kann ich Euch hier nicht geben, aber wenn Ihr meinen Rat hören wollt, so ist es der: Wartet noch mit der vollen Vereinigung! Wenn Ihr nicht wartet, gewinnt Ihr nichts, verliert aber viel. Ich will es in drei Worte zusammenfassen, was Ihr verliert: Freiheit, Freude und Würde!

Ihr verliert Freiheit:

Lass Dir die Geschichte eines anderen Paares erzählen, das ich kenne. Sie meinten auch, dass sie sich sehr liebten, und fühlten sich „innerlich wie Mann und Frau". Aber nach einem halben Jahr merkten sie, dass sie sich geirrt hatten. Sie sagten sich offen, was sie empfanden, und gaben sich gegenseitig wieder frei. Ganz friedlich geschah das, ohne dass eine bleibende Wunde entstand.

Wenn sie sich schon ganz gekannt hätten, wäre das nicht möglich gewesen. Sicher ist Dein Gefühl für Cécile unvergleichlich viel tiefer und ernster als für jenes Mädchen Anfang des Jahres. Aber gerade deshalb rate ich Dir ab von der vollen Vereinigung. Je tiefer Euer Gefühl füreinander ist, umso bleibender wird die Wunde im Falle der Trennung.

Ich habe Männer nach Jahren der Ehe sagen hören: „Ich wusste vor der Hochzeit, dass ich einen Fehler machte. Aber wir waren schon so weit gegangen, dass ich nicht den Mut hatte, die Verlobung zu lösen. Nun bezahle ich den Preis für meinen Fehler."

Ich bin ja froh, dass Ihr die Liebe so wahr und überwältigend erlebt, wie ich das aus Euren Briefen herauslese. Dennoch können Gefühle täuschen. Es braucht lange Zeit, ehe man wissen kann, ob man etwas Bleibendes empfindet. Eine Statistik in Amerika hat nachgewiesen, dass bei den meisten glücklichen Ehen die Partner sich mehrere Jahre kannten und einige Monate vor der Hochzeit verlobt waren.

Eine Prüfung ist nur dann echt, wenn sie auch negativ ausgehen könnte. Die Verlobungszeit wird nur dann wirklich zur Prüfungszeit, wenn auch die Möglichkeit der Entlobung besteht. Eine Entlobung ist ein Übel. Sie ist schmerzlich. Niemand wird sie wünschen. Aber im Vergleich zu einer späteren Scheidung ist sie doch das weitaus kleinere Übel.

Ich will noch einmal das Bild von der Geburt verwenden, um es deutlich zu machen: Vergleiche ich die Ehe mit einem Kind, das geboren werden soll, dann ist die Verlobungszeit die Zeit vor der Geburt. Eine Entlobung wäre dann im Bilde gesprochen eine Fehlgeburt, die Folge davon, dass das Kind nicht lebensfähig war. Im Augenblick aber, wo Ihr zusammenkommt, ist eine Fehlgeburt kaum mehr möglich. Dann gibt es kein Zurück mehr. Dann wird eine Trennung ein Kindermord.

Ihr verliert also Freiheit. Doch noch mehr: Ihr verderbt Euch viel Freude, die das Wachsen, Reifen und Erwarten mit sich bringt.

Eine verheiratete Frau berichtete einmal so über ihr voreheliches Leben: „Eine Zeitlang ging es ganz leidlich. Doch dann kam eine unerwartete Schwangerschaft. Pläne mussten schnell geändert werden und Ausreden erfunden. Überstürzt wurde die Hochzeit gefeiert. Unser Eheleben begann unwürdig und unromantisch. Es hat sich nicht gelohnt."

Ich habe noch nie jemand sagen hören: „Die Tatsache, dass wir uns schon vor der Hochzeit einander gaben, hat das Gelingen unserer Ehe entschieden." Ich kenne einige, bei denen ich allenfalls urteilen könnte: Es scheint der Ehe nicht geschadet zu haben. Aber ich kenne viele, die es doch letztlich bereuen, ihre Ehe vor der Hochzeit begonnen zu haben. Frühgeburten sind nichts Erstrebenswertes, auch wenn manche Kinder sie überleben.

Als Cécile davonlief unter Deinem plötzlichen Zugriff, da hat sie ohne Überlegung reagiert. Ihr gesunder, unverdorbener Instinkt hat sie geschützt. Sie hat gefühlt, dass die Zeit noch nicht reif ist, dass Euer Glück in Gefahr gerät durch diesen Schritt. Tatsächlich war auch Eure Harmonie gestört, und Ihr spracht nicht mehr miteinander an diesem Tag.

Ich glaube eben gerade nicht, dass Cécile an Deiner Liebe zweifelt, wenn Du Dich zurückhältst. Viel wahrscheinlicher ist es, dass ihre Liebe wächst. Euer Miteinander ist jetzt noch im Stadium der Verborgenheit. Zu dieser Verborgenheit gehört es auch, dass Ihr Euch voreinander noch nicht ganz offenbart und enthüllt. Am Hochzeitstag soll noch ein Stück unentdecktes Land vor Euch liegen.

Wenn Ihr nicht wartet, dann nehmt Ihr Euch mit der Vorfreude auch die Überraschungsfreude und dem Erlebnis des Zusammenkommens seine Würde.

Natürlich ist die geschlechtliche Seite der Ehe sehr wichtig. Dass Du nicht impotent bist, das weißt Du schon, und Cécile weiß es auch. Wenn Ihr Zweifel hättet, könnte Euch ein Berater helfen. Dazu brauchst Du Céciles Gefühle nicht zu verletzen und Euer Glück aufs Spiel zu setzen.

Das geschlechtliche Zusammenspiel jedoch könnt Ihr auch als Verlobte nicht vor der Hochzeit zuverlässig prüfen.

Es sind dazu zwei Bedingungen nötig, die erst nach der Hochzeit gegeben sind: unbeschränkte Zeit und völliges Freisein von Furcht.

Wenn Cécile sich vorstellt: Heute zwischen 17 Uhr und 18 Uhr treffe ich François. Dann muss es geschehen. Dann muss ich bereit sein. Dann muss es gelingen, sonst verlässt er mich. – Ich kann Dir mit Sicherheit voraussagen: diese Gedanken werden sie so hemmen und lähmen, dass es für Euch beide eine Enttäuschung wird. Weil Ihr Angst habt vor dem Misslingen und Entdeckt werden, könnt Ihr nicht objektiv prüfen.

Gesetzt den Fall: Ihr macht die Probe, und sie geht negativ aus. Es klappt nicht, wie Ihr es Euch gedacht hattet. Würdet Ihr dann den Schluss ziehen: Also entloben wir uns? Das glaubst Du doch selber nicht! So oberflächlich ist doch Eure Liebe nicht. Sie geht schon viel zu tief. Warum sollt Ihr also experimentieren?

Kein Mensch verlangt von Euch, dass Ihr am Hochzeitstag perfekte Eheleute seid. Perfekte Eheleute gibt es überhaupt nicht. Es gibt nur ein gemeinsames Wachsen. Oft braucht es Jahre, bis sich Mann und Frau aufeinander eingespielt haben. Die unbegrenzte Zeit, die Ihr zum Wachsen braucht, habt Ihr erst in der Ehe. Vor der Ehe könnt Ihr nur eins tun: Euch hüten, Dinge zu erleben und zu erlernen, die Euch am späteren Wachstum hindern.

Ihr könnt nicht den Kuchen aufessen und ihn doch noch haben. Der Zauber, die Schönheit der Verlobungszeit besteht gerade darin, dass noch ein letztes Geheimnis bleibt, dass noch ein Raum da ist, der erst betreten wird, wenn die Stunde gekommen ist.

Stell Dir vor: Dein Vater will Dich zu Weihnachten mit einem Fahrrad überraschen und versteckt es sorgsam. Du aber holst es heimlich aus dem Versteck und probierst es vorher aus. Am Weihnachtstag tust Du dann, als seist Du überrascht und freudig erregt, aber das Fest ist langweilig und leer.

Euer Hochzeitstag und Eure erste Nacht werden an Würde gewinnen, wenn Ihr gewartet habt. Erst in dieser Nacht wirst Du mich ganz verstehen. Die Hochzeit ist nicht nur eine Formalität. Wenn Ihr öffentlich bezeugt habt vor Gott und Menschen: „Wir gehören zusammen", dann wird auch das Erlebnis viel tiefer und bedeutungsvoller, wenn Ihr Euch voreinander enthüllt und einander ganz schenkt.

Wir erzählen unseren Kindern in Europa ein Märchen: Eine Königstochter wurde von einer bösen Fee verzaubert und musste hundert Jahre schlafen, bis ein Prinz sie aufweckte durch einen Kuss. Um sie zu schützen, wuchs um das Schloss eine Dornenhecke. Alle Prinzen, die einzudringen versuchten, ehe die hundert Jahre erfüllt waren, blieben darin stecken und kamen darin um. Vor dem Prinzen aber, der warten konnte, wichen die Dornen zurück und gaben den Weg frei. –

Ich kann Dich nur in die Hände Deines himmlischen Vaters legen. Er will Dir etwas Schönes schenken. Darum noch einmal: Ein Christ ist ein Mensch, der warten kann. –

Du wirst mir in den nächsten Wochen nicht schreiben können. Ich muss eine Reise nach dem Norden machen und werde postalisch nicht erreichbar sein. Ich hoffe aber, noch vor Weihnachten zurückzukehren.

Y..., den 12. November

Cécile an Ingrid T.

Ich war so überrascht, als François Sie mir vorgestern nach dem Gottesdienst vorstellte, dass ich gar nichts sagen konnte. Ich bedaure, dass Sie so schnell wieder zurück mussten und dass Ihr Mann nicht dabei war. Wie gern hätte ich auch ihn kennengelernt.

Ich wollte Ihnen schon früher schreiben. Aber nun, da wir uns gesehen haben, fällt es mir leichter. Merkwürdig – an meinen Vater kann ich nicht schreiben. Ich habe schon einen Stoß Zettel hier mit unzusammenhängenden Gedanken, habe immer wieder angefangen und immer wieder aufgehört aber ein Brief wird nicht daraus.

Doch bei Ihnen habe ich das Gefühl, dass Sie mich verstehen. Sie denken wahrscheinlich, ich sei sehr glücklich und ich bin es auch. Dennoch ist mir das Herz so schwer. Ich habe Zweifel, und ich habe Angst.

Ich habe Zweifel, ob François mich wirklich liebt. Er sagt es mir nie. Er fragt mich zwar oft, ob ich ihn liebe, und kann es nicht oft genug hören. Aber dass er mich liebt – das sagt er mir nie. Dann erwacht in meinem Herzen der Zweifel. Ich kann ihn nur lieben, wenn ich auf seine Liebe antworten kann. Er hält es anscheinend nicht für nötig, mir zu sagen, dass er mich liebt, und warum er mich liebt. Wie kann ich ihm dann antworten? Er macht mich so unsicher. Liebt er mich wirklich? Wie kann man Liebe prüfen?

Ihr Mann hat François die Geschichte von der Prinzessin geschrieben. Ich frage mich, was der Prinz tat, nachdem er sie aufgeweckt hatte. Ob er nicht sehr behutsam war, sehr zart, damit sie sich nicht fürchtet? Ob er ihr nicht gesagt hat, wie sehr er sie liebt und warum?

Neulich haben wir uns gestritten. Es war wegen einer lächerlichen Kleinigkeit. Meinem Vorderrad ging die Luft aus auf unserer täglichen Spazierfahrt. Ich hatte Flickzeug mit, und François reparierte den Schlauch. Nun war er schon verstimmt und ich auch wegen der Zeit, die wir verloren hatten. Als er fertig war, stellte sich heraus, dass ich die Luftpumpe vergessen hatte. (Ich mache sie immer ab, da sie sonst gestohlen wird.) Nun machte er mir Vorwürfe und sagte, da sehe man wieder, dass Mädchen keinen Verstand haben. Ich war verletzt, dass er so barsch war, und redete im Trotz kein Wort mit ihm, während wir die Räder heimschoben.

Es war nicht schlimm. Am nächsten Tag haben wir uns wieder ausgesöhnt. Aber ich frage mich doch: Wenn wir uns jetzt schon zanken wie soll es erst später werden?

Und ich habe Angst. Ich möchte so gern sicher sein, ob ich ein Kind tragen kann. Ich fürchte, dass François sich von mir scheiden lässt, wenn ich unfruchtbar bin. Oder dass er sich eine zweite Frau nimmt wie mein Vater. Ist eine Ehe nicht sinnlos ohne Kind?

Schließlich ist da noch ein Problem: Neulich erhielt ich beiliegenden Brief von einem Monsieur Henri. Er ist ein Bruder des Onkels meiner Freundin Berthe, der François die Stellung als Lehrer in Y. vermittelte. Dieser Monsieur Henri arbeitet im Finanzministerium und scheint gut gestellt zu sein. Er wollte mich sogar mit dem Auto abholen.

Ich sagte ihm natürlich ab. Wenn er mich aber nun wieder einlädt? Was soll ich dann tun? Ich will auch nicht unhöflich sein. Bitte, antworten Sie mir!

Y…, den 9. November, Finanzministerium

Monsieur Henri an Cécile

Ihre Freundin Berthe hat mir von Ihnen erzählt. Ich möchte gerne Ihre werte Bekanntschaft machen und gebe mir die Ehre, morgen um 17 Uhr am Schulausgang auf Sie zu warten mit meinem Wagen.

B…, den 18. November

Ingrid T. an Cécile

Wie verstehe ich Dich, meine Schwester! Ich könnte Dir Briefe aus meiner Brautzeit zeigen, in denen ich ähnlich Ängste und Zweifel ausdrückte.

Aber wir machen es den Männern auch nicht leicht, Cécile. Einerseits wollen wir, dass ein Mann stark ist, überlegen und unsentimental und dann wieder, dass er gefühlvoll ist und zärtlich und uns braucht. Welcher Mann kann beides in sich vereinigen?

Ich will versuchen, François direkt zu schreiben. Frage ihn aber nicht nach dem Brief, wenn er ihn Dir nicht von sich aus zeigt. Für Dich gibt es nur einen Weg: Du musst ihm offen und ehrlich sagen, was Dir fehlt. Solange Du das kannst, besteht keine Gefahr für Eure Ehe.

Letztlich kann man auch die Liebe nicht wirklich vor der Ehe prüfen. Die Ehe wächst nämlich nicht nur aus der Liebe. Es ist auch das Umgekehrte wahr: Die Liebe wächst aus der Ehe, mitunter sehr langsam. In der alttestamentlichen Geschichte von Isaak und Rebekka heißt es: „Da führte Isaak Rebekka in das Zelt hinein, und er nahm sie zum Weibe und gewann sie lieb." (1. Mose 24). Sie heirateten, ohne sich vorher gesehen zu haben. Das Liebgewinnen kam hinterher.

Die meisten Ehen, die Du um Dich herum siehst, wurden doch ohne ein großes persönliches Liebeserlebnis geschlossen.

Oft wurden die Mädchen nicht einmal gefragt. Du weißt selbst, dass sie nicht alle unglücklich sind. Oft wuchs die Liebe nach der Hochzeit als eine Frucht der Ehe.

Ein Inder sagte einmal zu einem Europäer: „Ihr heiratet das Mädchen, das ihr lieb habt. Wir lieben die Frau, die wir geheiratet haben." Ein anderer Inder sagte es noch drastischer: „Wir stellen eine kalte Suppe auf das Feuer, und sie wird langsam warm. Ihr stellt eine heiße Suppe auf eine kalte Platte, und sie wird langsam kalt."

Du musst selbst entscheiden, auf welche Seite Ihr Afrikaner gehört.

Ich schreibe Dir alles, damit Du das Liebeserlebnis auch nicht überschätzt. Sicher ist es wichtig. Aber voll ausreifen wird die Liebe erst in der Ehe.

Es ist nicht nur gut, sondern nötig, dass Ihr Euch zankt. Mein Mann zögert immer, ein Paar zu trauen, das noch nie wirklich Streit hatte. Worauf es ankommt, ist nicht, dass Ihr Euch nicht zankt, sondern dass Ihr Euch versöhnen könnt. Das ist nun mal die Kunst, die vor der Ehe erlernt werden kann und muss. Solange Ihr einander vergeben könnt, brauchst Du keine Sorge zu haben um Eure Ehe.

Nur wer nach einem Streit nicht das erste Wort finden kann, soll nicht heiraten. Übrigens, wer keinen Humor hat, soll auch lieber nicht heiraten. Es ist heilsam, wenn Ihr nach einem Krach herzlich über Euch lachen könnt.

Als Du François davonliefst, da hat die Dornenhecke in Dir reagiert, die die schlafende Prinzessin schützt. Viele Mädchen, die sich zu früh geben, gelangen nie zur Reife. Darum heißt es dreimal im Hohenlied: „Ich beschwöre Euch, dass Ihr die Liebe nicht aufweckt, bis es ihr gefällt." Diese Beschwörung steht wie eine Flammenschrift über dem Tor der Ehe.

Vielleicht wird das Warten doch leichter, wenn Ihr Euch nicht täglich seht. Dann wird jede Begegnung auch bedeutungsvoller. Hier gibt es keine Gesetze. Ihr müsst selbst miteinander den besten Weg finden.

Wie verstehe ich Deinen Wunsch nach dem Glück der Mutterschaft! Du darfst aber wissen, dass Unfruchtbarkeit in den meisten Fällen die Folge einer Geschlechtskrankheit ist. Deswegen haben unberührte Mädchen alle Chancen, Mutter zu werden. Die volle Gewissheit aber soll Dir nach Gottes Willen erst in der Ehe geschenkt werden. Es gibt keinen anderen Weg, als im Vertrauen auf Gott die Ungewissheit bis zur Ehe zu tragen.

Meine nur nicht, dass eine voreheliche Schwangerschaft vergleichbar ist mit dem tiefen Glück der Mutterschaft! Ein Problem ist dann zwar gelöst: Du weißt, dass Du ein Kind empfangen kannst. Aber für das eine stehen viele neue Probleme auf: Es ist kein Heim da, in das das Kind geboren werden kann, kein Vater, der es auf die Arme nimmt. Es wird sogar Streit geben, wem das Kind gehört, solange der Vater keinen Brautpreis bezahlt hat. Du musst die Schule verlassen unter Spott und Kritik Deiner Lehrer und Kameradinnen. Für die Gewissheit, die Du gewinnst, tauschst Du Scham und

Schuldgefühle ein, Selbstvorwürfe und den Verlust an Selbstachtung. Es lohnt sich nicht. Der Preis ist zu hoch.

Oder meinst Du im Geheimen, Du könntest durch eine Schwangerschaft die Einwilligung zur Hochzeit von Deinem Vater erzwingen? Ich bitte Dich, ich bitte Euch: Tut das nicht! Erniedrigt Euer Kind nicht zum Mittel, um Euer Ziel zu erreichen! Gott hat eine andere Lösung, wenn Ihr warten könnt.

Gib alle Deine Sorge um Mutterschaft an Gott hin! Kinderlosigkeit ist übrigens kein Scheidungsgrund. Auch darf Dein Mann keine zweite Frau nehmen, wenn Eure Ehe standesamtlich als monogame Ehe registriert ist.

Eine christliche Ehe wird nicht sinnlos, selbst wenn Gott Euch keine Kinder schenken sollte. Die Bibel spricht nur an wenigen Stellen von der Ehe. Umso bedeutsamer ist es, dass viermal derselbe Vers zitiert wird: „Darum wird ein Mann Vater und Mutter verlassen und an seinem Weibe hangen und werden die zwei ein Fleisch sein." (1. Mose 2,24; Matthäus 19,5; Markus 10,7; Epheser 5,31). Es fällt auf, dass in diesem viermal wiederholten Schlüsselvers kein Wort erwähnt wird von Kindern. Kinder sind nach der Bibel ein zusätzlicher Segen Gottes. Aber sie sind nicht der einzige Sinn der Ehe. Die Liebe der beiden Partner, das Einswerden von Mann und Frau vor Gott ist Sinn und Erfüllung in sich selbst. –

Mit jenem Monsieur Henri: Das ist ernst! Sei auf der Hut! Der Brief klingt nicht gut. Informiere François von allem, so dass kein Misstrauen zwischen Euch entsteht. Nimm auf keinen Fall und unter keinen Umständen eine Einladung von Monsieur Henri an!

B..., den 19. November

Ingrid T. an François

Da mein Mann verreist ist und Dir jetzt nicht schreiben kann, will ich Dir einmal einen Brief schreiben. Wie eine Schwester möchte ich mit Dir reden.

Gott hat einen großen Schatz in Deine Hände gelegt: Céciles Liebe. Ich möchte Dir dazu helfen, dass Du diesen Schatz recht bewahrst.

Liebe kann man nicht besitzen wie ein Ding, das man in die Tasche steckt. Liebe muss man immer wieder neu gewinnen. – Vor unserer Verheiratung schrieb mein Verlobter mir einmal folgende Zeilen:

„Wer liebt, ist nicht mehr allein. Der, den er liebt, ist ständig gegenwärtig. Der Liebende will nicht mehr Mittelpunkt seines Lebens sein. Er lässt einen anderen Mittelpunkt seines Lebens werden und empfindet das als Gewinn und Glück. Er gibt sich auf und lässt sich los. Er wird wie eine offene Hand, die empfangen will. Wer liebt, hat den Mut, einer zu werden, der etwas braucht."

Was Cécile vor allem braucht, ist die Gewissheit, dass Du sie brauchst. Wie kannst Du ihr diese Gewissheit geben? Nur so, dass Du ihr sagst, immer wieder: ich liebe Dich. Ich brauche Dich." Sie kann es nie oft genug hören. Du musst den Mut aufbringen, einer zu werden, der etwas braucht.

Ein Mädchen bekommt Angst, wenn ein junger Mann ihre Liebe als Selbstverständlichkeit hinnimmt und sich nie die Mühe macht, ihr zu sagen, dass er sie liebt.

Frauenliebe ist anders als Mutterliebe und Schwesternliebe. Céciles Liebe blüht nur dann völlig auf, wenn sie Antwort sein kann auf Deine Liebe.

Paulus schreibt an die Gemeinde in Ephesus: Ihr Männer, habt Eure Frauen lieb, wie auch Christus die Gemeinde liebhat." Christus lieben wir, weil er uns zuerst geliebt hat. Unsere Liebe ist Antwort auf seine überwältigende Liebe. Es ist merkwürdig, dass Paulus nie die Frauen ermahnt, ihre Männer zu lieben ...

Dabei denke ich jetzt nicht an die körperliche Liebe. Durch Dein Berühren, Umarmen und Küssen allein kannst Du Cécile nicht von Deiner Liebe überzeugen. Zärtlichkeiten lassen sie leer, ja stoßen sie ab, wenn sie nicht sicher weiß, dass die Zärtlichkeiten aus einer Zärtlichkeit des Herzens kommen. Sie will fühlen, dass Dein Herz ihr Herz sucht, dass Du sie selber meinst und nicht nur die Schönheit ihres Körpers.

Ein junger Mann ist sein Körper. Dein Körper, das bist Du. – Ein Mädchen fühlt sich in ihrem Körper. Cécile empfindet, dass ihr innerstes Wesen sich nicht in ihrem Körper erschöpft. Sie will um ihrer selbst willen und nicht um ihrer Schönheit willen geliebt werden.

Deshalb sind für Cécile Deine Berührungen weniger wichtig als Deine ganze Haltung. Wenn Du höflich bist zu ihr, ihr aufs Rad hilfst, ihr eine Tür öffnest und sie vorangehen lässt – das kann ihr mehr bedeuten als ein Kuss. Eine langjährig verheiratete Frau sagte mir einmal unter Seufzen: „Wenn mein Mann nur ein einziges Mal ‚Dankeschön' sagen würde, wenn ich eine besonders gute Mahlzeit bereitet habe!"

Vor allem ist ein Mädchen verletzt, wenn Du zu anderen höflicher bist als zu ihr. Dann merkt sie, dass Du sie wie einen unverlierbaren Besitz betrachtest, um den Du Dich nicht mehr zu bemühen brauchst.

Als wir uns neulich nach der Kirche trafen, warst Du sehr höflich zu mir. Du hast mir Cécile zwar vorgestellt, aber Du hast sie während des ganzen Gesprächs nicht zu Wort kommen lassen. – Ich hatte ihr ein Paket mit Büchern mitgebracht zur Vorbereitung auf die Ehe. Als Ihr weggingt, hast Du es sie tragen lassen ...

Du lachst. Du lachst? Das sind Kleinigkeiten, sagst Du, nebensächlich. Für ein Mädchenherz sind es große Dinge. Für Cécile sind es Hauptsachen.

Spar nicht mit Worten! Mach ihr Mut, Dir zu sagen, was ihr fehlt! Hör ihr zu, liebreich, nicht geduldig! Nicht dass Du glücklich wirst, ist das Wichtigste, sondern dass Du glücklich machst; nicht dass Du verstanden wirst, sondern dass Du verstehst ...

Y..., den 30. November

Cécile an Ingrid T.

... Am meisten hat mich getröstet, dass Sie schreiben, auch Sie hätten Nöte, Ängste und Zweifel. Die Weißen versuchen, uns immer den Eindruck zu geben, als sei ihr Eheleben ideal und ohne Probleme. Dann lesen wir in den Zeitungen von den vielen Scheidungen in Europa und Amerika – und wissen nicht, wie beides zusammenpasst.

Umso mehr hat mir Ihr Brief bedeutet. Ich fühle, dass ich Ihnen alles sagen kann. – Der Brief an meinen Vater ist übrigens fast fertig. Auf vielen Zetteln. Lauter Gedanken, was ich ihm sagen möchte, wenn ich es ihm sagen könnte. Aber ich könnte es nicht. Ich bringe es nicht über mich, den Brief abzusenden.

Monsieur Henri lässt mir keine Ruhe. Anbei wieder ein Brief von ihm. Fast jeden zweiten Tag kommt so ein Brief mit lauter nichtssagenden Phrasen. Sie klingen, als habe er sie aus einem billigen Liebesroman abgeschrieben.

Dank für Ihren klaren Rat! Die Einladung habe ich durch meine Freundin Berme absagen lassen. Ich habe ihm lieber nicht selbst geschrieben. Ich will nicht, dass ein Brief von mir an ihn existiert.

Y..., den 19. November

Monsieur Henri an Cécile

Es tut mir leid, dass Sie keine Zeit für mich hatten. Aber meine Liebe zu Ihnen wächst von Tag zu Tag. Sie sind die Krone meines Herzens. Sie sind schön wie das Mondlicht.

Ich habe bereits meinen Bruder zu Ihrem Vater nach K. geschickt. Bald werde ich Ihrem Vater achthundert Mark überbringen. Das ist für mich eine Kleinigkeit. Dann steht unserem Glück nichts mehr im Wege.

Nächste Woche findet ein großes Bankett statt für die höheren Regierungskreise. Dazu möchte ich Sie einladen. Ihr Onkel wird auch mitkommen.

In unserer Ehe werden Sie glücklich sein. Sie können Dienstboten haben und sich selber Geld verdienen. Sie können wie eine Weiße leben. Wir verkehren nur in gebildeten Kreisen.

Am schönsten aber ist die Liebe in der Nacht ...

Y …, den 15. Dezember

Cécile an Ingrid T.

Zwei Wochen der Qual liegen hinter mir. Ich habe immer auf einen Brief von Ihnen gewartet. Aber ich weiß, dass Sie jetzt allein sind mit den Kindern und vor Weihnachten wenig Zeit haben.

Monsieur Henri ist jeden Tag mit seinem Auto am Schulausgang. Er fährt uns nach, wenn wir mit dem Rad hinausfahren. Er spioniert aus, wo wir hingehen und was wir tun.

Neulich saß er bei meinem Onkel, als ich aus der Schule heimkam. Dann kam auch Berthes Onkel dazu, der François zu seiner Stellung verhalf. Da merkte ich, dass alles geplant war. Wir gingen dann zu einer Cocktailparty. Unter diesem Firmenschild führen die ausländischen Botschaften der ganzen Welt die sogenannte Zivilisation in unsere Gesellschaft ein. Mein Onkel, bei dem ich wohne, ging auch mit. Wir afrikanischen Mädchen können nicht ablehnen, wenn unsere Väter uns etwas befehlen.

Ich tanzte nicht. Aber ich konnte nicht verhindern, dass Monsieur Henri mich allein mit seinem Auto heimfuhr. Er sagte, er habe beschlossen, mich zu heiraten. Das sagte er einfach so. Als sei es eine große Gnade. Er fragte nicht einmal, was ich darüber denke.

Er wollte mich auch gleich küssen. So wie man in eine Banane beißt. Er roch nach Bier und Likör. Es war widerlich.

Er ist zwanzig Jahre älter als ich und hat schon eine Frau und zwei Kinder. Er sagt, sie sei ungebildet, könne kein Französisch und weigere sich, in der Stadt zu wohnen. Seitdem er aber die Stellung bei der Regierung habe, brauche er eine Frau in Y., die repräsentieren könne, Gäste empfangen und bewirten. Dazu habe er mich erwählt.

Er ließ durchblicken, dass er den Brautpreis für mich bezahlen könne. Ich schätze, dass er zwanzigmal so viel verdient wie François. Er wolle meinen Vater besuchen mit einer Flasche Schnaps und einigen Kisten Bier. Er habe schon ein Radio für ihn gekauft und eine Nähmaschine für meine Mutter. Er fragte, was meine Brüder wollten als Geschenke.

Ich sagte gar nichts. Ich war froh, als ich heil aus dem Auto heraus war. Aber ich weinte die ganze Nacht.

Geld! Ein Kapital, angelegt in Frauen! Die Armen dürfen sich allenfalls für ein paar Nächte ein Mädchen mieten, eins, für das niemand bezahlen wollte oder konnte.

Nein, ich habe mich geirrt: Das Geld verleiht uns keinen Wert. Es erniedrigt uns. Es macht uns zur Ware. Es macht uns entweder zu Prostituierten oder zu zweiten und dritten Frauen eines reichen Mannes. Das ist keine ehrbare afrikanische Sitte. Das ist keine Dankesgabe an die Eltern. Das ist Mädchenhandel.

Wenn mein Vater Geld von Monsieur Henri annimmt, bin ich verloren. Dann bin ich mit ihm verheiratet. Dann bin ich Monsieur Henris Aushängeschild. Sinn der Ehe: Die Frau repräsentiert für den Mann! –

Natürlich habe ich François alles erzählt. Wenn Ihr Mann nicht verreist wäre, hätte er ihm schon geschrieben. François ist wieder so mutlos und klein, dass ich ihn umso mehr liebe.

Aber was ist die Lösung? Wo ist der Ausweg?

François meint: Wenn mein Vater Geld und Geschenke annimmt, bleibt uns nur noch eins: die Flucht.

Was meinen Sie zu diesem Vorschlag? Ich brauche die Antwort schnell.

„Wer glaubt, flieht nicht." – Ja! Aber ist es nicht auch Flucht, wenn man sich eine Ehe aufzwingen lässt und den Kampf aufgibt, die Liebe aufgibt ...?

21. Dezember

François und Cécile an Walter und Ingrid T.

Dies ist unser erster gemeinsamer Brief. Wir schreiben ihn an Sie beide.

Wir sind geflohen. Die Antwort auf Céciles Brief vom 15. Dezember hat uns in Y. nicht mehr erreicht. Wir nehmen an, dass Sie uns abrieten von der Flucht. Wir hoffen dennoch, dass Sie uns verstehen. Wir sahen keinen anderen Ausweg.

Wir erhielten die gewisse Nachricht, dass Céciles Vater von Monsieur Henri achthundert Mark angenommen hat. Sie wissen, was das heißt. Von jetzt an hat er ein Recht auf Cécile. Die Flucht war unsere einzige Waffe.

Wir haben uns gemeinsam dazu entschlossen und wollen auch gemeinsam alle Folgen tragen, auch die schlechten. Die Tatsache, dass die Schulferien gerade jetzt begannen, hat es erleichtert, alles vorzubereiten, ohne Verdacht zu erregen.

Sie haben uns einmal geschrieben, dass der Hochzeitstag der Tag sei, an dem die Ehe geboren wird. Sie schrieben: „Eine Frühgeburt ist gefährlich."

Aber gibt es nicht auch Spätgeburten? Sind sie nicht noch gefährlicher? Dann muss der Arzt künstlich eingreifen und den Kaiserschnitt ausführen. Er schneidet das Kind aus dem Mutterleib heraus, um ihm das Leben zu retten.

Unsere Flucht ist wie ein Kaiserschnitt.

Wir wissen nicht, wie es weitergehen soll, wovon wir leben sollen, und wo wir leben sollen. Wir wissen nur eins: Jetzt sind wir Mann und Frau.

Wir haben Vater und Mutter verlassen. Wir hangen einander an. Wir sind ein Fleisch geworden. 1. Mose 2,24 ist erfüllt. Wir brauchen dazu kein Geld, keinen Standesbeamten und keinen Pfarrer. Wir brauchen keine Tradition, keinen Staat und keine Kirche. Wir brauchen keinen Schnaps, kein Papier und keine Gesänge.

Wir brauchen nur Gott. Er wird uns nicht verlassen. Alle anderen haben uns verlassen.

Das Brauchtum sichert die Ehe nicht. Es tritt sie mit Füßen. Es ermöglicht den Brautraub durch einen Bankscheck. Die staatliche Ausgleichskasse unterstützt die ehelosen Mütter und die vaterlosen Kinder. Die Verlobten gehen leer aus. Die Kirche rät uns zu warten, aber sie hilft uns nicht, wenn wir es tun. Sie hilft uns auch nicht, wenn wir fliehen. Kein Pfarrer würde uns aufnehmen.

Auch Sie haben unsere letzten Briefe nicht mehr beantwortet. Wir machen Ihnen keinen Vorwurf. Wir bitten nur, dass auch Sie uns keinen Vorwurf machen und uns nicht verurteilen. Wir möchten weiter Ihre Kinder bleiben. Cécile ist krank und liegt im Bett. Sie hat sich in der Nacht der Flucht bei dem langen Fußmarsch erkältet.

Wir teilen niemandem mit, wo wir sind, auch Ihnen nicht. Deshalb können Sie uns jetzt nicht schreiben. Sie können nur eins tun: für uns beten.

Wir vertrauen darauf, dass Sie dies tun.

Schlussbrief

Walter T. an die deutschen Leser

Gott führt uns im Laufe unseres Lebens immer wieder an Grenzen, vor denen wir als Menschen machtlos und ausweglos stehen. Für François und Cécile hieß die Grenze Brautpreis. Für uns mag sie Standesunterschied heißen, Wohnungsmangel, Konfession oder politische Mauer. Sie mag durch Menschen verkörpert werden oder durch Umstände. Wichtig ist nicht, wie die Grenze heißt. Wichtig ist, wie wir uns vor ihr bewähren.

Ich war sehr betroffen, als ich von meiner Reise zurückkehrte und den vorstehenden Brief fand, denn er machte mir mein eigenes Versagen bewusst. Warum hatte ich meine Reise nicht zu einem anderen Zeitpunkt unternommen, warum mir nie die Mühe gemacht, zu Céciles Vater zu fahren, um mit ihm persönlich zu sprechen? Auch meine Frau fragt sich, wie es möglich war, dass Céciles letzter Brief so lange unbeantwortet liegen blieb. Wir kamen uns vor, als hätten wir Funksprüche aus einem Flugzeug abgegeben, anstatt die beiden bei der Hand zu nehmen und mit ihnen zu wandern.

Viele werden sich fragen, warum die beiden in die Wildnis flohen und warum es niemand gab, der sie hätte aufnehmen und beschützen können. Aber François hat schon Recht, fürchte ich. In Afrika wagt es keiner so leicht, aus der Reihe zu tanzen und um zweier Einzelpersonen willen sich in eine Auseinandersetzung mit dem Kollektiv der Großfamilien einzulassen. Auch mir wollten sie das offensichtlich nicht zumuten. Tatsächlich ist so eine Flucht keine allzu große Seltenheit im heutigen Afrika. Viele Paare wählen notgedrungen diesen

Weg, mehr oder weniger mit schlechtem Gewissen. Eine Lösung bringt er in keinem Fall.

Der Weg der beiden führte noch durch große Tiefen. Die Erkältung, die sich Cécile auf der Flucht zugezogen hatte, entwickelte sich zu einer schweren Lungenentzündung. Auf eigenen Wunsch wurde sie als Schwerkranke in ihr Dorf gebracht. François holte mich, und ich verbrachte eine unvergessliche Woche an ihrem Krankenbett. Tagelang bangten wir um Céciles Leben.

Céciles Vater blieb von diesem Geschehen nicht unberührt. Die plötzliche Möglichkeit, die Tochter durch den Tod zu verlieren, änderte für ihn alle Maßstäbe. Unter bewegenden Umständen gab er schließlich seine Einwilligung zur Heirat. Die beiden sind heute offiziell verheiratet und gehen ihren auch jetzt nicht einfachen Weg gemeinsam. Auch mit Pfarrer Amos sind sie ausgesöhnt.

Der Brief, den ich nun zuletzt noch weitergeben will, hat nicht wenig zu dieser Entwicklung beigetragen. Es ist der schon öfter erwähnte Brief Céciles an ihren Vater. Während ihrer Krankheit fand François die Zettel, auf denen Cécile ihn entworfen hatte. Es waren nur hingeworfene Gedanken, oft unvollständige Sätze. Vieles war korrigiert, durchgestrichen, wieder neu formuliert, dann wieder verworfen: ein bewegendes Zeugnis von der Mühe, die dieser Brief der Schreiberin gemacht hatte, und ein Ausdruck der Intensität, mit der die Tochter um die Liebe und das Verstehen ihres Vaters rang.

Ich setzte alles zusammen wie ein Mosaik, ordnete und ergänzte und gab dann Céciles Vater den neu geschriebenen Brief.

Lieber Vater!

Ich habe Dir noch niemals einen Brief geschrieben. Es fällt mir sehr schwer. Aber es fiele mir noch schwerer, mit Dir zu reden. Deshalb bitte ich Dich, dass Du diese Zeilen liest, als spräche ich mit Dir.

Ich will versuchen, Dir zu erklären, warum ich François liebe.

Mein Lieblingsfoto von ihm ist eins, auf dem er seine Hand ausstreckt. Ich kann mich verlassen auf diese Hand. Ich stelle mir vor, dass François ein Stückchen vor mir her geht, aber immer wieder stehen bleibt, sich umwendet und mir die Hand reicht, um mir über die schweren Stellen zu helfen. Dann kann ich ihm sehr nahe kommen, und er wird mich trösten.

Er kann mich einzigartig trösten, weil ich ihm antworten kann, wenn er mit mir spricht. Ich kann seine Hand ergreifen, weil ich keine Angst habe, wenn er sie ausstreckt. Denn er nutzt seine Stärke nicht aus, und darum erniedrigt sie mich nicht. Und doch lässt er mich, wenn ich Schutz suche, wissen, dass er stärker ist als ich. In seiner Nähe bin ich so gern schwach, weil er mich nicht auslacht.

Aber auch er braucht mich und schämt sich nicht, es mir zu zeigen.

So stark und männlich er ist, so hilflos und kindlich kann er sein. Seine starke Hand kann auch eine offene, bittende Hand werden. Dann gibt es für mich kein größeres Glück, als sie zu füllen.

Das ist es, was ich meine, wenn ich sage: Ich liebe François.

Ich weiß, dass Du mich für eine halbe Weiße hältst, wenn ich Dir solche Dinge schreibe. Du wirfst mir vor, dass ich unsere afrikanischen Bräuche verachte, weil ich einen Mann heiraten will, den ich liebe, und nicht einen, der für mich bezahlen kann.

Aber der Brautpreis ist gar kein ausschließlich afrikanischer Brauch. Es gab ihn auch in Europa, sogar in Israel. überall, wo sich Menschen für Christus entschieden, wurde er unnötig und verschwand. Ich schreibe Dir nicht als eine europäische Afrikanerin, sondern als eine afrikanische Christin.

Als Christin glaube ich, dass Gott mich erschaffen hat. Ihm allein verdanke ich mein Leben. Kein irdischer Vater hat Gott je etwas für seine Tochter bezahlt. Darum hat kein irdischer Vater ein Recht, an ihr zu verdienen.

Als Christin glaube ich, dass Jesus Christus für mich gestorben ist. Er hat den einzigen Preis bezahlt, der für mich bezahlt werden kann: sein Blut. Jeder andere Preis ist der Preis für eine Sklavin. Als Christin glaube ich, dass der Heilige Geist mich leitet und führt. Er kann mich aber nur führen, wenn ich frei wählen darf.

Weil ich François frei gewählt habe, werde ich ihm treu bleiben. Meinst Du wirklich, dass der Brautpreis eine Frau daran hindert, ihrem Mann davonzulaufen?

Ich habe eine Freundin, deren Vater sechstausend Mark bekam, als er sie verheiratete. Sie sagte sich: Wenn mein Körper so viel wert ist, dann kann ich auch selber etwas davon profitieren. Sie begann, sich für Geld an andere Männer hinzugeben. Da hast Du's: Wenn der Brautpreis etwas Anständiges ist, dann ist es auch die Prostitution!

Oder meinst Du gar, François würde mich besser behandeln, wenn er etwas für mich bezahlt hätte? Wenn das der

Grund wäre, dass er mich in Ehren hält, dann möchte ich ihn nicht heiraten. Denn dann wäre ich ein Ding für ihn. Ich bin aber ein Mensch.

Es ist nicht wahr, dass Geld eine Frau gehorsamer und einen Mann treuer macht. Geld ist bestenfalls eine Kette, die herhalten muss, wo es keine Liebe gibt. Aber eine Kette kann man zerreißen. Geld und Dinge kann man zurückgeben. Liebe, die frei gewählt hat, ist ein unzerreißbares Band.

Lieber Vater! Denke bitte ja nicht, dass wir Dir undankbar sind. Wir haben Dich herzlich lieb. Wir wissen, welche Opfer Du für mich gebracht hast, besonders während meiner Schulzeit. Wir kennen Deine finanziellen Schwierigkeiten. Wir wollen Dich nicht im Stich lassen.

Wir bitten Dich nur um eins: Lass uns ohne Schulden anfangen! Lass uns ein eigenes Heim gründen! Nur dann können wir Dir wirklich helfen, Dir wirklich zeigen, wie dankbar wir Dir sind.

François hat von sich aus vorgeschlagen, später meine drei Brüder in unserem Heim aufzunehmen, wenn sie hier in Y. zur Schule gehen. Ist das nicht ein größerer Liebesbeweis für mich, als wenn er Dir jetzt Geld gäbe, das ihm nicht gehört?

Lieber Vater! Gib uns eine Chance! Lass uns beginnen!

www.ingramcontent.com/pod-product-compliance
Lightning Source LLC
Chambersburg PA
CBHW020941090426
42736CB00010B/1217